英汉翻译的跨文化障碍与对策研究

李中英 / 著

武汉理工大学出版社
·武汉·

图书在版编目（CIP）数据

英汉翻译的跨文化障碍与对策研究 / 李中英著. -- 武汉：武汉理工大学出版社，2024. 9. -- ISBN 978-7-5629-7251-8

Ⅰ．H315.9

中国国家版本馆 CIP 数据核字第 2024GU1632 号

责任编辑：尹珊珊
责任校对：严　曾　　　排　版：任盼盼
出版发行：武汉理工大学出版社
社　　址：武汉市洪山区珞狮路 122 号
邮　　编：430070
网　　址：http：//www.wutp.com.cn
经　　销：各地新华书店
印　　刷：北京亚吉飞数码科技有限公司
开　　本：710×1000　1/16
印　　张：13.25
字　　数：210 千字
版　　次：2025 年 4 月第 1 版
印　　次：2025 年 4 月第 1 次印刷
定　　价：86.00 元

凡购本书，如有缺页、倒页、脱页等印装质量问题，请向出版社发行部调换。
本社购书热线电话：027-87391631　87664138　87523148
·版权所有，盗版必究·

前言

随着全球化的推进和跨文化交流的日益频繁,文化因素在英汉翻译中的处理越来越受到人们的关注。翻译不仅是简单的两种语言的转换,更是一种文化的交流。在这一过程中,译者不仅要精通两种语言,还要深刻理解两种文化的内涵和差异,以确保信息的准确传递。

翻译的重要任务是忠实地传递源语的文化信息,把一种语言所承载的信息毫无遗漏地用另一种语言表达出来。然而,英汉属于两种完全不同的语言体系,存在较大的文化差异,这些差异往往导致翻译遇到文化障碍。由于人们赋予语言不同的文化内涵,因而在翻译时难以在译语中找到和源语文化意义相对应的、承载同样文化信息的表达方式。

在全球化的今天,跨文化交流变得日益重要,英汉翻译作为连接中外文化的桥梁,其重要性不言而喻。《英汉翻译的跨文化障碍与对策研究》一书正是针对这一领域进行了深入的探讨。本书首先指出文化与翻译的内涵,之后通过对比中西文化的异同揭示了文化差异对翻译的影响,并提出了相应的翻译原则和策略。例如,在处理文化专有项时,译者可以采取直译、意译、加注等方法,以确保信息的准确传达和对不同文化的尊重,还具体研究英汉社交文化、自然文化、习俗文化的翻译问题。书中不仅分析了各种文化现象的特点,还提供了丰富的翻译实例和对策,这些实例和对策不仅有助于译者更好地理解和处理文化障碍,也为读者提供了直观的学习材料。同时,本书也对中华优秀传统文化的对外传播进行了重点关注,通过深入分析我国典籍、诗词歌赋、散文小说、琴棋书画、古典戏剧、传统音乐、经典影视、中医、传统科技、传统技艺等文化元素的翻译问题,展示了中华优秀传统文化的博大精深,也为如何将这些文化精髓有效地传

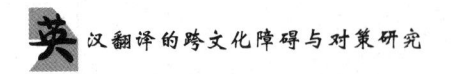

播到世界提供了重要策略和方法。

  本书注重理论与实践相结合,不仅为翻译工作者提供了实用的翻译技巧和策略,也为推动中华优秀传统文化走向世界提供了有力的理论支持。通过阅读本书,读者可以更全面地理解文化与翻译的关系,掌握跨文化翻译的原则和方法,从而在实际工作中更好地克服文化障碍,促进中西方文化的交流与融合。

  在成书过程中,作者得到了同行学者的鼎力支持,在此对他们表示诚挚谢意。由于作者自身学术水平的限制,书中难免存在疏漏和不足之处,恳请广大读者在阅读过程中不吝指正,帮助本书进一步完善和提高。

山西旅游职业学院 李中英

2024 年 4 月

目录

第一章　文化与翻译｜01

　　第一节　文化与翻译的内涵｜02
　　第二节　文化与翻译的关系解读｜07
　　第三节　中西文化差异对英汉翻译的影响｜09

第二章　英汉翻译的跨文化障碍表现与处理原则及策略｜13

　　第一节　英汉翻译的跨文化障碍表现｜14
　　第二节　英汉翻译跨文化障碍的处理原则｜15
　　第三节　英汉翻译跨文化障碍的处理策略｜19

第三章　英汉社交用语翻译的跨文化障碍与对策｜25

　　第一节　英汉人名翻译的跨文化障碍与对策｜26
　　第二节　英汉地名翻译的跨文化障碍与对策｜33
　　第三节　英汉称谓语翻译的跨文化障碍与对策｜36
　　第四节　英汉委婉语翻译的跨文化障碍与对策｜39

第四章　英汉自然景象及其描述词翻译的跨文化障碍与对策｜43

　　第一节　英汉山水翻译的跨文化障碍与对策｜44
　　第二节　英汉色彩词翻译的跨文化障碍与对策｜47
　　第三节　英汉数字词翻译的跨文化障碍与对策｜50
　　第四节　英汉动物词翻译的跨文化障碍与对策｜52
　　第五节　英汉植物词翻译的跨文化障碍与对策｜54

第五章　英汉生活习俗翻译的跨文化障碍与对策｜59

　　第一节　英汉节日习俗翻译的跨文化障碍与对策｜60
　　第二节　英汉饮食习惯翻译的跨文化障碍与对策｜63

第三节　英汉服装纹饰翻译的跨文化障碍与对策 ┊ 68
第四节　英汉建筑民俗翻译的跨文化障碍与对策 ┊ 73

第六章　英汉翻译与中华优秀传统文化传播 ┊ 79

第一节　中华优秀传统文化的内容精髓与价值意蕴 ┊ 80
第二节　中华优秀传统文化传播与传承的重要意义 ┊ 87
第三节　中华优秀传统文化传播的重要途径——外宣翻译 ┊ 89
第四节　中华优秀传统文化外宣翻译中的文化空缺现象与处理对策 ┊ 97

第七章　中国经典文学艺术外宣翻译的障碍与对策 ┊ 103

第一节　典籍文化外宣翻译障碍与对策 ┊ 104
第二节　诗词曲赋文化外宣翻译障碍与对策 ┊ 112
第三节　散文小说文化外宣翻译障碍与对策 ┊ 126
第四节　琴棋书画文化外宣翻译障碍与对策 ┊ 132

第八章　中国传统视听艺术外宣翻译的障碍与对策 ┊ 141

第一节　古典戏剧文化外宣翻译障碍与对策 ┊ 142
第二节　传统音乐文化外宣翻译障碍与对策 ┊ 151

第九章　中国经典影视文化外宣翻译的障碍与对策 ┊ 154

第一节　字幕翻译的特点和基本策略 ┊ 155
第二节　武侠影视的多层面翻译 ┊ 159
第三节　主旋律影视的多视角翻译 ┊ 165
第四节　互文性理论视角下的纪录片外宣翻译 ┊ 170

第十章　其他中华优秀传统文化外宣翻译的障碍与对策 ┊ 177

第一节　中医文化外宣翻译障碍与对策 ┊ 178
第二节　传统文化外宣翻译障碍与对策 ┊ 183
第三节　茶文化外宣翻译要求与对策 ┊ 188

参考文献 ┊ 195

第一章

文化与翻译

　　文化渗透在人类社会的各个角落,塑造了人们的生活方式和思维方式。翻译作为不同语言之间沟通的桥梁,并不仅仅是文字表面的转换,更是一个文化的传递与再创新的过程。其核心在于深刻领会原文所蕴含的文化精髓,在目标语言中找到恰当的表达方式,完整传递出原文的意义和风格。因此,文化与翻译有着千丝万缕的关系。由于中西文化的差异,如价值观念、思维方式、社会习俗等,英汉翻译面临着巨大的挑战,这就要求译者具备深厚的文化素养和敏锐的文化洞察力,能够准确捕捉原文中的文化元素,并在译文中巧妙地加以呈现。本章将深入探讨文化与翻译的内涵,揭示二者之间的关系,并重点分析中西文化差异对英汉翻译的具体影响。

第一节　文化与翻译的内涵

一、文化的内涵

（一）文化的定义

文化，作为一个内涵丰富的学术概念，可以根据其核心内涵从双重角度加以阐释。

一方面，可以从其动词属性来阐述，该视角下的文化强调一个过程，其核心是对"化"的实践。其中，"文"被视为"化"的基石和手段，意味着通过"文"这一工具，实践者可以引导对象向期望的方向转变。在这种理解下，文化不仅仅是一个名词，更是一个动态的过程，一个使对象发生变化的工具。《周易》是中国最古老的一部卜筮之书，贲是《周易》中的一卦，最早使用"文化"一词，原文提到："刚柔交错，天文也。文明以止，人文也。观乎天文，以察时变；关乎人文，以化成天下。"[1] 贲卦的卦辞用"刚柔交错"来描述天文现象，即天地间的阴阳二气交互作用；用"文明以止"来描述人文现象，即人类社会的文明和秩序。由此可见，文化在此文中的解读是通过教化来培养人们。随着时间的推进，"文"与"化"这两字结合得更加紧密。例如，西汉时期的刘向在其作品《说苑》中阐明："圣人之治天下，先文德而后武力。凡武之兴，为不服也，文化不改，然后加诛。"[2] 从古代这些经典文献不难看出，古人认为应该以文化人、以文育人，这也反映了当时社会对于治理天下的想象和追求。在西方的语言体系中，文化用英文表述为 culture（此词转译为汉语后，主要涵盖了"文明、文化修养、栽培"等词义），culture 这一词语在英文中不仅包含了教化与文化涵养的概念，还融入了对文化个体的认识。马修·阿诺德（Matthew Arnold）是 19

---

[1] 姬昌,东篱子.周易[M].北京：北京时代华文书局,2014：91-93.
[2] 刘向,萧祥剑.说苑[M].北京：团结出版社,2021：518-548.

世纪英国的重要文化评论家、诗人、教育家,他强烈主张文科教育的价值,认为文学和艺术是培养人们道德和社会责任的关键,这一观点在他的《文化与无政府状态:政治与社会批评》一书中表达得淋漓尽致,阿诺德对于文化的定义是历史上经典的定义之一,他认为文化是"追求我们的整体完美"和"对知识的研究,用于完善我们的自然、消除我们生活中的粗鄙无知",此论述揭示了文化作为动词时的深远意义。[1]

另一方面,从文化的名词属性进行考量,其核心着重于"文",《辞海》对文化的名词性解读提供了广义与狭义两种解释维度。在广义的层面上,文化被解读为人类创造的物质和精神两方面财富的集合,而在狭义的维度中,更多地代表人类所产生的精神遗产,并为个体提供行为指引。[2]

对广义文化,早在20世纪初,社会学家已经对其进行了深入的探讨,指出文化不仅是一个民族的社会传统遗产,也是该民族物质与精神财富的结合体现。具体而言,涵盖了一个民族创造的物质文明,如手工艺品、交易商品以及在其历史演变中累积的精神遗产,如固有的行为模式、认知体系、价值观念、艺术创作与宗教信仰。除此之外,文化行为如教育,也为文化的构成提供了重要内容。文化可被理解为人类生活的多种表现形式及其创新的物质与精神产物,这种定义旨在从宏观的视角描述文化,强调其包含物质与精神两大方面,而且是在实践中形成的,与社会演进相辅相成。

在对狭义文化的探讨中,学术界主要从以下两个维度进行阐述。

一是将文化定位为与物质并立的精神层面进行表述,强调文化涵盖人类创造的精神产品,包括有形的和无形的两种。美国学者爱德华·伯内特·泰勒(Edward Burnett Tylor)是19世纪的文化人类学家,通常被誉为现代文化人类学的创始人,是文化进化论的早期倡导者,他的主要作品是1871年出版的《原始文化》(*Primitive Culture*),在这本书中,他介绍了文化的定义,这一定义对后来的学者产生了深远的影响,他认为文化或文明乃是包括知识、信仰、艺术、道德、法律、习俗和任何人作为一名社会成员而获得的能力和习惯在内的复杂整体。[3]

二是从行为层面阐释文化,文化作为一种独特的表达形式,由多种行

---

[1] 阿诺德.文化与无政府状态:政治与社会批评[M].韩敏中,译.北京:生活·读书·新知三联书店,2008:36.
[2] 陈至立.辞海[M].7版.上海:上海辞书出版社,2020:1303.
[3] 泰勒.原始文化[M].蔡江浓,译.杭州:浙江人民出版社,1988:1.

为模式构建而成。正如1952年，艾尔弗雷德·克罗伯（Alfred Kroeber）和克莱德·克拉克洪（Clyde Kluckhohn）在其《文化：概念和定义的批判性回顾》一书中经过深入分析西方流行的160种文化定义后指出："文化由外显的和内隐的行为模式构成。"[①] 英国现代人类学家马林诺夫斯基（Malinowski）视之为"包括一套工具及一套风俗——人体的或心灵的习惯"[②]。同时，我国学者梁漱溟则精辟地指出："文化即某一民族的生活方式，不过是那一民族生活的样法罢了。"[③]

文化定义的多元化说明文化确实是一个内涵丰富且不易把握的概念，虽然各有侧重，这些解读和界定都解释了文化的一个或几个层面。

（二）文化的分类

由于文化的多样性和复杂性，很难给文化下一个明确清晰的定义，对文化的分类也是众说纷纭、不尽相同。从一个侧面来看文化的分类，文化也可以理解为满足人类需求的一种特殊方式。

心理学家亚伯拉罕·马斯洛（Abraham Maslow，1908—1970）认为，人都有五种基本需求。

第一，生理需求，这是人们赖以生存的基本需求，包括食物、水、空气、休息、衣服、住所以及一切维持生命所必需的东西，这些需求是第一位的。人们必须满足这些需求，否则人们就会死掉。

第二，安全需求，人们首先得活着，然后才保证安全。安全需求有两种：身体安全的需求和心理安全的需求。

第三，归属感需求，一旦人们活着并且安全了，就会尝试去满足自身的社交需求。其中有与他人在一起并被他人接受的需求，以及属于一个或多个群体的需求，如对陪伴的需求和对爱和情感的需求是普遍的。

第四，尊重需求，这是对认可、尊重和声誉的需求。努力实现、完成和掌握优秀的人和复杂的事务，往往是为了获得他人对自己的尊重和关注。

第五，自我实现的需求，人的最高需要是实现自我，充分发挥自己的潜力，成为自己想要成为的人。很少有人能完全实现这种需求，部分原因

[①] KROEBER, KLUCKOHN. Culture: A Critical Review of Concepts and Definitions[M]. New York: Kraus Reprint, 1952: 47.
[②] 马林诺夫斯基. 文化论[M]. 费孝通, 译. 中国民间文艺出版社, 1987: 1.
[③] 梁漱溟. 中国文化的命运[M]. 北京: 中信出版社, 2016: 108.

是人们太忙于实现较低层次的需求。

根据马斯洛的理论,人们按上述的顺序实现这些需求。如果把这些需求从低到高比作金字塔的话,人们在攀登金字塔时总是先翻过第一层才能爬上第二层,通过第二层才能到达第三层,以此递进。尽管人类的基本需求是相同的,但世界各地的人们满足这些需求的方式各不相同。每种文化都为其人群提供了许多满足人类特定需求的选择。

还有人将文化形象地类比为冰山,认为每种不同的文化就像一个独立的巨大冰山,可以分为两部分:水平面以上的文化和水平面以下的文化。水平面以上的文化仅占整体文化的一小部分,约十分之一,但它更可见。有形且易于随时间变化,因此更容易被人们注意到。水平面以下的文化是无形的,并且难以随时间变化。它占据了整个文化的大部分,约十分之九,但要吸引人们的注意力并不容易。水平面以上的文化部分主要是实物及人们的显现行为,如食物、衣着、节日、面部表情等,以及人们的说话习惯和生活方式,也包含文学作品、音乐、舞蹈等外在的艺术表现形式。水平面以下的文化包含信念、价值观、思维模式、规范与态度等,是构成人的行为的主体。尽管看不到水平面以下的部分,但它完全支撑了水平面以上的部分,并影响了整个人类的各个方面。

二、翻译的内涵

人类的思维千头万绪,语言的活动五花八门,翻译的材料各种各样,因而也就决定了语言翻译活动范围的广阔性和形式的多样性。而且,无论什么样的思想,只能在语言材料的基础上才能产生和存在,所以自然就要对再现另一种语言的翻译工作提出严苛的要求,为满足这种要求而提出的标准,就是翻译标准。

由于翻译活动并非单纯地对原文的翻印,而是对原文的创造性地再现,因此翻译并非像一些人所想象的那样,是照葫芦画瓢,也不是有一个词就译一个词的堆砌。翻译中所遇到的问题,归根结底是表达问题,即表达原文语言在内容和形式上密切联系的整体中所表达的一切。那么,这"一切"又该怎样表达呢?毫无疑问,应该是准确而完整地表达。

所说的准确而完整地表达,就是要求译者用标准的本族语再现原作者通过语言所表达的一切,不能有丝毫的冲淡、夸大或编造,也就是说不能任意重述、改写或简述、剪裁。在任何情况下都必须准确理解原作精神和作者的本质意图,用正确的语言材料予以表达。

翻译不应当逐字死译,但也不应当臆造。翻译时,要求译者用简洁而地道的本族语言,本质地再现原作者的思想感情或思维意图。要想做到这一点,必须深入研究原文语言在词汇、语法、词义、表现方法等方面与本族语言的异同,深入了解事物的具体实际。

说到这里,我们可以用鲁迅先生的话来概括上面所谈到的关于翻译标准的见解。鲁迅说:"翻译必须兼顾着两面:一则当然求其易解,一则保存着原作的丰姿。"这句话的意思就是要求原作思想内容与译文语言形式的辩证统一。

关于翻译的准确性,通常从字面上的准确性、意思上的准确性和艺术上的准确性提出要求。然而,语言的活动范围是无限的,而要求译者在无限的语言活动中达到所要求的准确性,似乎是苛求。不过,我们如果把语言材料按照文体加以分类,分别提出有针对性的准确性的要求,就能够降低其难度。

在进行专业性较强文献的翻译时,务必注意以下事项。首先,确保技术概念的准确性。其次,在翻译过程中,需要保持说理叙事清晰,用字用语简洁明了。要避免生搬硬套的"死译"现象,以及仅按照语法结构逐词逐句堆砌的"硬译"方式。同时,要仔细审视词与词、句与句、段落与段落之间的逻辑关系,确保译文整体连贯,逻辑严密。最后,做好翻译前的技术准备工作同样重要。由于译者可能无法在专业知识方面与原作者保持相同的技术水平,即使技术水平相近,对于新技术的理解也可能存在差异。因此,无论是具备专业知识的译者还是非专业背景的译者,都需要进行必要的技术知识准备,以确保翻译工作的顺利进行。

第二节　文化与翻译的关系解读

文化与翻译可谓紧密相连。翻译不仅是语言的转换,更是文化的传递与沟通。在这个过程中,译者需要深入理解源语的文化背景,才能准确传达原文的含义,避免因为文化差异而产生的误解。反之,翻译也能够帮助我们更好地理解和欣赏不同文化的美妙之处,促进文化交流与融合。本节就重点分析文化与翻译的关系。

一、文化对翻译的影响

翻译作为一种跨语言、跨文化的交流活动,其过程深受文化因素的影响。文化不仅塑造了语言的表达方式和内涵,也规定了译者的思维方式和翻译策略。下面从翻译过程和翻译策略两个方面深入探讨文化对翻译的具体影响。

(一)文化影响翻译过程

翻译过程并不是简单地进行语言转换,而是对原文的深入理解和再表达。在翻译的过程中,文化的影响无处不在。

第一,文化背景知识有助于理解原文,尤其是在翻译一些具有浓厚文化色彩的词或短语时,如果文化背景知识缺乏,译者可能对其含义无法准确理解,从而导致翻译失真。比如,中国龙被认为是吉祥、尊贵的象征,但在西方文化中,龙则常常与邪恶、恐怖联系在一起,因此译者在翻译包含龙的文本时,需要充分考虑到这种文化差异,避免读者误解。

第二,文化背景还影响译者对原文的再表达。文化不同,人们对同一事物可能有不同的看法和解释,这也在翻译中有所体现。尤其是在翻译一些寓言故事或成语时,由于不同文化背景的人们价值观和思维方式不同,译者需要根据自己的理解对原文进行某些调整或解释,这样才能让目

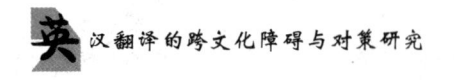

的语读者更好地理解。

(二)文化影响翻译策略

文化会影响翻译策略的选择。在翻译过程中,译者需要基于原文的文化背景和目标语读者的文化习惯选择合适的翻译策略。一般来说,译者可以选择归化与异化翻译策略。归化策略即尽可能使译文符合目标语读者的文化习惯和表达方式,以降低译文的阅读难度,提高读者的接受度,这尤其体现在对一些具有浓厚地域特色词汇的翻译上,译者可以选择使用目标语读者熟悉的事物或概念来替代,这样有助于读者更好地理解。异化策略即尽可能保留原文的文化特色和表达方式,从而传播原文的文化内涵,拓宽读者的文化视野,尤其是在对一些具有独特文化内涵的词或句子的翻译上,译者可以选择直译或音译的方式,以便让读者感受到原文的文化魅力。

二、翻译对文化的影响

翻译作为文化交流的桥梁,在跨文化交流与发展中发挥着越来越重要的作用。近年来,随着时代的进步和交流的深入,各国语言之间的融合趋势愈发明显。汉语与英语之间的接触达到了前所未有的广度和深度,许多外来词已经逐渐融入汉语文化中,成为我们日常表达的一部分。例如,show 一词,在汉语中演变成了"展示一下",用以表示向他人展示某样好东西;pose 演变成了"摆个姿势",用以表示摆出一个好看的造型。此外,打的(即乘坐出租车)和 AA 制(各自支付自己的费用)等外来概念,也已经成为汉语中的常用表达。

近年来,众多外来缩略词语,诸如 VOA(美国之音)、WTO(世界贸易组织)、VIP(贵宾)等,已逐渐融入汉语体系,并在中国文化中获得了广泛的使用。这些外来词的采纳不仅丰富了汉语的词汇资源,也彰显了中国文化在全球化背景下的开放性和包容性。

第三节 中西文化差异对英汉翻译的影响

英汉语言承载着丰富的文化历史内涵,因此存在着明显的差异,尤其体现在历史、哲学、艺术及生活方式等多个维度上,这些差异不可避免地会影响英汉互译的过程,使翻译面临挑战。

一、历史方面差异的影响

随着历史的发展,中西方文化呈现出截然不同的发展轨迹,不仅体现在文化源头上,也表现在价值观、社会制度以及人们的思维方式等方面。西方国家的文化可以追溯到古希腊和古罗马文明,这些文明为西方文化奠定了坚实的基础,并对英语国家的文化、价值观和社会制度产生了深远影响。从价值观和社会制度来看,西方文化强调个人的权利和自由,英语中的 individualism 一词意思是个人主义,它鼓励人们追求个人目标、展现个性,并认为每个人都有权利追求自己的幸福。这种价值观在英语国家的政治、经济和社会生活中得到了充分体现。

中国文化深受儒家思想的影响,讲究集体主义、和谐与稳定,而个人主义这一概念往往被认为是自私自利的表现,与中国人的集体主义价值观相悖。儒家思想强调人与人之间的关系和谐,认为个人的价值应该体现在对家庭和社会的贡献中,个人的行为应该符合集体利益,而不是追求个人权利和自由。因此,在翻译涉及个人主义概念的文本时,如果采用直译法来翻译,可能会使读者产生误解,认为这是一种与集体主义价值观冲突的思想。

为了应对这些文化差异带来的挑战,译者需要具备丰富的跨文化知识和敏锐的洞察力,在理解原文的基础上,根据目标语读者的文化背景和阅读习惯,进行适当的调整和转化,这样翻译作品才能更好地传达原文的意涵,实现跨文化交流的目的。

二、哲学方面差异的影响

中西文化在哲学方面的差异不仅体现在对世界的看法上，更体现在深入地影响了各自文化受众的人生观、价值观。两种文化犹如两条源头不同的河流，各自流淌，形成了各自独特的风景。

西方文化中的哲学思想深受基督教的影响，尤其体现在对世界的看法和人生价值观中，认为个人救赎和内心体验是人生旅程中的重要部分，这在西方文化中得以彰显。例如，英语中的 sin 这个词通常被理解为罪恶，与基督教教义紧密相连：如果一个人犯了罪，他需要通过忏悔和修行来寻求救赎，从而实现内心的平静和净化。显然这种对罪恶和救赎的理解深深地影响了西方人民的道德观念和行为准则。

中国文化中的哲学思想注重天人合一、道德修养和社会和谐。中国传统文化强调人与自然的和谐共生，追求内心的平静和道德的完善，中国的哲学家也倡导通过修身养性来达到个人的提升和社会的和谐。仍旧以"罪"来分析，中国文化中的"罪"更多与道德伦理和社会规范相关，如果一个人犯了罪，会被认为违背了社会道德和伦理，因此需要通过自我反省和修正来恢复与社会的和谐关系。

哲学层面的思想文化差异对于翻译工作来说无疑是一大挑战，因此译者需要在理解原文的基础上准确地传达其哲学思想，避免因为文化差异而导致的误读误解。

三、艺术领域差异的影响

在艺术领域，中西文化之间存在的审美观念和表现形式差异是一个不可忽视的现象。这种差异不仅体现了两种文化对美的不同理解，也反映了它们在艺术创造和欣赏方面的独特传统。英语国家的艺术风格往往强调个性、创新和自由表达，倾向于通过艺术作品展示个人的独特视角和情感体验。相比之下，中国艺术则更加注重意境、气韵生动和形式美，追求一种超越物象、融入自然和宇宙的审美境界。

审美差异在翻译中易引发问题。英汉语言文化背景的不同使译者难以在目标语言中完全再现原文的艺术风格和美学价值。例如，英语诗歌中的自然描绘和情感抒发，在中文中可能因缺乏相应背景而被忽视或误解。同样,中国诗歌的象征和隐喻在翻译成英文时,也可能因语言差异而难以完全传达。为了更好地理解英汉艺术差异,可从多个方面分析。文化背景上,英语艺术受个人主义、自由主义和浪漫主义影响,强调个体地位;中国艺术则受儒家、道家等传统文化影响,注重天人合一。审美观念上,英语艺术追求新颖、独特和个性化的表达,注重创新和实验;中国艺术则追求意境和气韵生动,超越物象,融入自然和宇宙。这种差异在绘画、雕塑、诗歌等多个艺术领域均有体现。表现形式上,英语艺术注重形式创新和突破,运用新材料和技术;中国艺术则注重传统技法的运用,展现艺术魅力。

四、生活方式差异的影响

英语国家崇尚个人自由、独立和竞争,注重高效率和快节奏,认为时间宝贵,追求事业成功和个人成就最大化。中国文化注重家庭、亲情和社会和谐,追求平稳安宁的生活,休闲与陶冶情操、修身养性相关,强调个人放松和愉悦。由于英汉对同一概念的理解差异,翻译时可能误解或忽视原文的生活方式和价值观。例如,英语中的 leisure 强调个人放松,而中文的"休闲"更关联内心平静。因此,译者需要考虑文化差异,确保准确传达原文意图。

再如,在英语国家中,dinner 通常指的是一天中最正式、最丰盛的一餐,通常是在晚上吃的。在中国文化中,"晚餐"虽然也是指晚上吃的饭,但往往并没有像英语中 dinner 那样具有特殊的重要性或正式性。在中国,亲友聚会侧重于午餐与晚餐的任何一餐,取决于个人或家庭的习惯。这种差异在翻译时可能会导致误解。例如,如果一篇英文文章描述了某人在晚上与家人共享一顿丰盛的餐食,并将彼时视为一天中的重要时刻,而直接翻译成"他在晚上和家人一起吃了一餐",就可能无法准确传达原文中的文化含义,因为这在中国文化中可能并不具有同样的重要性或特殊性。

第二章

英汉翻译的跨文化障碍表现与处理原则及策略

英汉翻译作为跨文化交流的一种重要方式，在全球化日益加深的今天显得愈发重要。然而，由于英汉两种语言背后的文化、历史、社会背景等存在巨大差异，英汉翻译过程中常常会遇到各种跨文化障碍，影响翻译的准确性和效果。本章基于英汉翻译的跨文化障碍表现，探讨英汉翻译跨文化障碍的处理原则与策略。

第一节　英汉翻译的跨文化障碍表现

一、语言差异与跨文化障碍

在全球化的大背景下,跨文化交流的重要性不断增强,而语言差异作为跨文化障碍的一个主要方面,对翻译工作提出了更高的要求。英语和汉语作为世界上使用人数众多的两种语言,其语法结构和词汇系统的差异对译者来说既是挑战也是机遇。

语法结构的差异要求译者具备深厚的语言功底和灵活的翻译策略。英语的形合性要求句子结构严谨,逻辑关系明确,这在翻译时需要译者准确把握原文的逻辑结构,并在目标语言中进行恰当的转换。汉语的意合性要求译者在翻译时注重语境和整体意义的传达,译者不仅要理解原文的直接意义,还要把握其潜在的文化和情感色彩。

词汇系统的差异需要译者具备丰富的文化知识和高超的语言表达能力。英语词语的多样性要求译者在翻译时寻找最恰当的词来传达原文的意思,保持语言的流畅性和可读性。汉语词汇的意境和内涵要求译者在翻译时传递潜在信息,保留原文的文化韵味和风格特色。因此,译者需要具备丰富的文化知识和高超的语言表达能力。

二、文化背景差异与跨文化障碍

语言不仅是一种沟通工具,更是文化价值观念和社会习俗的反映。文化背景的差异在跨文化交流中是重要的影响因素,尤其是在英汉翻译实践中。理解和尊重文化差异有助于提高翻译质量、促进有效沟通。

在进行社会习俗的英汉互译时,译者要准确传递信息,考虑目标语言人群的文化习惯和接受度。例如,当翻译涉及谦虚和礼貌的表达时,译者要寻找合适的表达方式传达原文的意思,符合目标语言的文化预期。在汉译英中,需要译者适当调整表达方式,使其更加直接和明确;在英译汉中,译者需要增加一些委婉和谦虚的元素。

在思维方式上,汉语倾向于使用含蓄、象征和整体性的表达,英语更偏向于明确、分析和具体化的表述。在处理这类问题时,译者需要具备灵活性和创造性,在保持原文意境和风格的同时确保译文的清晰和易懂,这涉及对原文的适当改写或重组,或者在译文中添加解释性注释,帮助读者更好地理解。

在文化背景知识的运用上,译者要对英汉语言文化有深刻的理解和认识。在翻译过程中,译者要进行文化适应,包括对比喻、俗语、习语等语言元素的调整,确保它们在目标文化中表达相似的效果。此外,译者还需要对一些特定的文化现象进行解释,以便读者充分理解原文的深层含义。

跨文化障碍在英汉翻译中是不可避免的,通过增强跨文化意识、深入了解两种文化的特点和差异,以及灵活运用翻译策略和技巧,译者可以有效地克服这些障碍,实现高质量的翻译。

第二节 英汉翻译跨文化障碍的处理原则

一、既定惯例原则

在跨文化翻译实践中应遵循既定惯例原则,这意味着翻译过程中需依据语言发展的自然规律及语用习惯,采用普遍认可的既定表达方式。对于人名、地名及习惯用语等已有译文的情形,应优先选用通用译名,避免新增译名,以免给读者带来困扰。

翻译是一项复杂的任务,要求译者对源语言和目标语言有深入的了解。遵循既定惯例原则在翻译工作中具有重要的意义,如有助于译者快速地理解源语含义,将之准确传达给目标语读者。既定惯例原则为译者深入理解源语的语言结构和语用习惯提供了指导,有助于实现翻译的准确性。

在实际应用中,既定惯例原则也面临一些挑战:既定惯例可能与源语言含义不符,特别是在翻译某些特定习惯用语特定术语或者与目标语言的语言结构和语用习惯相悖时。为解决这一问题,译者可采取以下措施:深入研究既定惯例原则,在适用时作出合理调整;加强对源语和目标语的理解与掌握,确保翻译准确性;深入了解源语和目标语的语言结构和

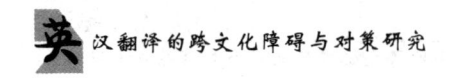

语用习惯,确保翻译既符合既定惯例,又能准确传达原意。

二、和而不同原则

和而不同原则旨在通过语言的转化,实现不同文化之间的沟通与理解。具体来说,这一原则包括如下两个层面。

(一)忠实第一,创造第二

在和而不同原则的指导下,翻译工作既需要忠实于原文的语义和文化内涵,又需要在一定程度上进行创新,以更好地传达源语文化。因此,和而不同的原则既包含忠实,也包含创新,二者在翻译过程中是有主有次的。

忠实是指在翻译过程中译者应尽可能保留原文的语义和文化内涵,使译文准确地传达原文的信息。不同的文化有着不同的表达方式和价值观,如果不忠实于原文,译文会失去其原有的意义和价值,译者在翻译过程中应理解和掌握原文的语言和文化背景,确保译文的准确性。

创新是指在忠实于原文的基础上,译者通过自己的理解和创造,使译文更好地适应目标语言的文化和语境。不同的文化有着不同的审美观念和表达方式,不能忽视创新的作用,如果不能创新,译文会失去原有的魅力和吸引力。译者在翻译过程中应勇于探索和尝试,创造既符合原文意义又符合目标语言文化的译文。

在实际翻译过程中实现和而不同的原则,需要平衡忠实和创新的关系。忠实是创新的基石,创新是忠实的延伸。在忠实的基础上进行创新,在创新的基础上更好地实现忠实。在翻译过程中译者应注重对原文的深入理解和把握,勇于对译文进行适当的创新,以实现和而不同的原则。例如,"滴水穿石,非一日之功。"如果要忠实于原文的翻译可能会直接翻译成语的字面意思:"Dripping water wears away the stone, not in one day's work."这种翻译保留了成语的字面意义,但可能对不熟悉中国文化的英语读者来说难以理解。为了更好地适应目标语的文化和语境,译者可以进行创新,将成语的意义转化为目标语读者更易理解的表达方式:"Rome wasn't built in a day."但是,这个翻译没有直接翻译成语的每个字,而是传达了相同的寓意,即伟大的成就需要时间和持续的努力。这种表达方式更符合英语的习惯用法,同时保留了原文的文化内涵。因此,在实际翻译中,译者需要平衡忠实原文和创新之间的关系。对于这个成语,一个更平衡的翻译是:"Dripping water wears away stone, symbolizing that great achievements require persistent effort over time." 这个翻译既保留了成语的原始形象,又通过解释其寓意,使其对英语读者而言更加清晰易懂。通过这个例子可以看到和而不同原则在翻译中的运用:在忠实于原文的基础上,译者通过创新来适应目标语的文化和语境,同时确保译文既传达了原文的语义,又易于目标语读者理解。

(二)内容第一,形式第二

在翻译实践中,和而不同原则还强调在保持原作精髓的同时,灵活调整语言形式以适应目标语读者的理解和接受习惯。为了实现这一目标,必须坚持"内容第一,形式第二"的细则。

内容是源语语言本身所蕴含的语义和文化、情感等深层含义,是翻译的核心所在,是传递原作精神和文化内涵的关键。在翻译过程中,译者首先需要关注源语的语义内容,确保准确理解和传达其深层含义。

形式是指源语内容所依赖的语言外壳,包括文本体裁、修辞手段以及语句篇章结构等。形式在一定程度上影响着内容的表达效果,在翻译时需要兼顾。形式并非翻译的唯一标准,不能为了追求形式而忽略内容的准确性。

为了达到这一目标,需要对原作的结构进行调整,增删一些字词,转换语义或对句型进行改换等。这些调整都是为了让目标语读者能够更好地理解和接受原作。以汉语歇后语"裁衣不用剪子——胡扯"的翻译为例,这一歇后语蕴含了丰富的文化内涵和独特的语言形式。在翻译时,可以采用"Cutting out gaments without the use of the scissors—only by tearing the cloth recklessly talking nonsense."的表达方式,既保留了原作的基本含义,又适当调整了语言形式,使之更符合目标语读者的阅读习惯。这样的翻译既体现了和而不同的原则,又很好地展示了源语的文化特色。

三、空位补偿原则

在跨文化翻译的过程中译者常面临一个难题:如何准确传达源语言

中的文化词汇,避免在目标语言中产生词汇空缺或文化缺省的现象。这一难题在翻译那些充满深厚文化底蕴的词汇时尤为突出。为了应对这一挑战,翻译界一直在寻找有效的翻译策略。

"零位信息"是指在翻译中由于源语言和目标语言之间的文化差异,某些在源语言中具有特定文化内涵的词汇在目标语言中可能无法找到完全对应的表达。这些词汇所携带的文化信息在目标语言中处于"零位"状态,译者在翻译时需要跨越这一障碍,通过空位补偿原则进行翻译,以弥补或避免翻译时的信息亏损。例如,"兵马俑""灯会"和"蚕宝宝"这些具有中国特色的文化词汇在翻译时需要特别注意。"兵马俑"译为 terracotta warriors and horses,不仅传达了兵马俑的材质和形态,通过添加解释性信息让读者更好地理解了这一文化现象的背景和意义。"灯会"译为 lantern festival,"蚕宝宝"译为 silkworm,这些翻译都采用了空位补偿原则,通过添加解释性信息来弥补翻译中的信息亏损。

四、文化顺应原则

语言作为人类交流思想的工具,具有无可比拟的多样性和灵活性,其中,顺应性无疑是语言的一大核心特点。所谓顺应性,指的是语言能够根据不同的语境需求,使使用者从众多可选的语言项目中作出灵活的选择和变通。这种顺应性不仅体现在语言的结构和语法上,更体现在语言的文化内涵和社会交往中。

语言与文化关系密切,二者相互依存、相互影响。在交际过程中,为了确保信息的有效传递和理解的准确,交际双方必须与文化语境保持高度的顺应性。换句话说,交际的双方不仅需要理解并尊重对方的文化背景,还需要在言语行为中作出相应的调整,以适应对方的文化语境。这种文化顺应不仅有助于交际的顺利进行,更能促进不同文化间的相互理解和融合。例如,"A friend in need is a friend indeed."如果不考虑文化顺应性,直接逐字翻译成中文,可能会得到类似这样的翻译:"在需要时的朋友才是真正的朋友。"这种直译虽然在语言结构上忠实于原文,但可能并没有完全传达出原句的文化内涵和情感色彩。考虑到文化顺应性,译者可能会选择一个更贴近中文文化背景和表达习惯的翻译方式,可以翻译为"患难见真情。"这个翻译保留了原句的深层含义,并且采用了中文中常用的成语来表达相似的观念,更容易让中文读者产生共鸣和理解。

在跨文化交际中，文化顺应是非常重要的，不同文化背景的人在交流时会遇到各种文化冲突和误解。为了避免这些问题，交际双方需要积极地调整自己的文化表达和行为方式，适应对方的文化语境。这种调整涉及语言的使用、非言语行为的解读、调和价值观的差异等。在翻译实践中，文化顺应不可或缺。翻译不仅是语言层面的转换，更是文化信息的传递和再创造，译者在翻译时需要根据目标语读者的文化背景、期待视野以及自身的翻译能力等灵活地选择文化融合翻译策略，使源语文本的文化内涵在目标语中得以完整保留，确保目标语读者顺利地理解和接受这些文化信息。

第三节　英汉翻译跨文化障碍的处理策略

一、传统型翻译策略

（一）直译策略

直译在翻译中是一种基本且传统的方法，强调直接复制源语中的文化内涵，保留原文的字面意义。直译的优势在于直接传达源语文本的文化内涵，让读者接触到源语言的文化元素，增加对原文文化的了解。例如，将"粽子"直译为 zongzi，可以提示读者理解其与端午节等文化元素的关联。

直译可能导致目标语读者对原文的误解或困惑，因为不同文化之间的差异使某些在源语言中具有特定文化内涵的词汇在目标语言中可能并不具有相同的含义。如果采用直译法，可能会忽略目标语读者的文化背景和阅读习惯。在翻译过程中，译者需要考虑到目标语读者的文化背景和阅读习惯，以确保翻译出来的文本能够被目标语读者所理解和接受。如果仅采用直译，忽略目标语读者的文化背景和阅读习惯，会导致翻译出来的文本在目标语读者看来生硬、不自然。例如，在翻译中文的"狗咬吕洞宾，不识好人心"这一成语时，如果直接翻译为"A dog bites Lü Dongbin, doesn't recognize a kind-hearted person."可能会让英文读者感

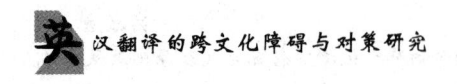

到困惑和不解。而如果将其翻译为"To bite the hand that feeds one",则更能被英文读者所理解和接受。

再看下面一些直译的例子。

drainage oil 地沟油

olive branch 橄榄树

soft environment 软环境

problem furniture 问题家具

social security cards 社保卡

碳税 carbon tax

中国结 Chinese knot

亚健康 sub health

希望工程 Hope Project

信贷政策 credit policy

文化遗产 cultural heritage

中国文学 Chinese literature

素质教育 quality education

政府补贴 government subsidy

延缓衰老 to defer senility

(二)意译策略

当在目标语中找不到与源语词汇完全对应的词汇时,或者即使采用注释等方法也难以准确传达源语言的文化信息时,可以采用意译。意译是一种灵活而富有创造性的翻译方法,不拘泥于词语的字面意义,根据上下文和整体语境来选择能够准确传达源语言文化信息的词汇或表达方式。

例如,在英汉翻译中有一些中文词汇在英语中并没有直接对应的词汇。以"风水"为例,它在中国文化中具有深厚的历史背景和独特的文化内涵,但在英语中没有完全对应的词。在这种情况下可以采用意译,将其翻译为 Feng Shui 并附加简短的解释,如 a Chinese system of geomancy that links geographical features to the flow of energy and personal fate。这样的翻译既保留了"风水"这个词的文化内涵,又使英语读者理解其含义。

除了具体的词汇翻译外,意译策略还可以应用于句子的翻译。在英汉翻译中,有时会遇到一些在英语中难以找到直接对应表达的句子结构或修辞方式。在这种情况下,可以通过意译的方式,调整句子的结构或表达方式,以使其更符合英语读者的阅读习惯和审美趣味。

再看下面一些意译的例子。

  punch line 广告妙语
  silly money 来路不明的钱
  silent contribution 隐名捐款
  孝道 filial piety
  杂耍 variety show
  按摩 massage therapy
  推拿 medical massage
  偏方 folk prescription
  中山装 Chinese tunic suit
  相声 witty dialogue comedy

(三)音译策略

音译又被称为"转写",是一种独特的翻译策略,其核心在于使用一种文字符号来精准地表示另一种文字系统的符号。这一过程不仅涉及语言之间的转换,更涉及文化的交流与融合。在翻译实践中,音译策略运用得当能够巧妙地将具有特殊文化特色的词语"移植"到译入语文化中,使其在译入语读者的视野中逐渐崭露头角,并被欣然接受。这种策略不仅丰富了译入语的语言表达,更促进了跨文化语言交际活动的有效进行。

音译策略可以用于一些特殊名词的翻译。这些名词可能源自特定的地域、历史、宗教或文化背景,在译入语中往往难以找到完全对应的词汇。通过音译,可以将这些词语的原始发音保留下来,使译入语读者在接触到这些词语时感受到其背后所蕴含的独特文化魅力。例如,中国的"功夫"一词在英语中被音译为 Kung Fu,这一翻译不仅保留了词语的原始发音,更让英语读者感受到中国武术的独特魅力。

音译策略还在一些行业术语的翻译中发挥着重要作用。随着全球化的推进,各行各业之间交流日益频繁,许多专业术语需要在不同语言之间进行转换。通过音译,可以将这些术语的原始发音和含义一并传达给译入语读者,避免了因直译或意译而产生的误解和歧义。例如,Google 作为一个著名的科技公司名称,通过音译成"谷歌",既保留了原词的发音,又使其在中文语境中易于识别和记忆。再如,Harry Potter 系列书籍和电影的标题通过音译成"哈利·波特",在中国享有极高的知名度。

音译策略还在一些地名、人名等专有名词的翻译中发挥着重要作用。专有名词往往承载着丰富的历史和文化内涵,通过音译可以将其背后的故事和背景一并传达给译入语读者。例如:

Paris 巴黎(这个法国首都的名字在中文中通过音译保留了其原有的发音,同时"巴黎"这两个汉字也带给中文读者一定的文化联想);

München 慕尼黑(尽管 München 在德语中的发音与中文的"慕尼黑"并不完全相同,但音译提供了一个可接受的近似发音,同时保留了地名);

Firenze 佛罗伦萨(意大利城市佛罗伦萨的中文名字通过音译而来,同时带有一种文艺复兴时期的文化气息);

William Shakespeare 威廉·莎士比亚(英国著名剧作家的名字在中文中通过音译保留了其英文发音,同时也便于中文读者记忆);

Albert Einstein 阿尔伯特·爱因斯坦(物理学家爱因斯坦的名字在中文中通过音译,既保留了原发音,也易于中文读者识别);

Mark Twain 马克·吐温(美国作家的笔名在中文中通过音译,传达了原名的发音,同时"温"在中文中也有着"温和"的意味,与作家的幽默文风相契合)

二、实践型翻译策略

随着全球化、信息化时代的浪潮汹涌而来,翻译实务涉及的对象如同波澜壮阔的大海,其广阔与深远让人惊叹。在这个时代背景下,翻译技术日新月异,翻译实务的面貌也发生了翻天覆地的变化。下面深入探讨实践型翻译策略在翻译实务中的具体运用。

(一)零翻译策略

零翻译策略是在翻译过程中尽量保留原文的形式和内容,不进行过度的解释或转换。这种方法在科技、医学、法律等专业领域尤为常见,这些领域的术语具有特定的含义和用法,过度解释或转换可能导致信息失真或误解。例如,iPad 这个词直接对应苹果公司的平板电脑,无须额外解释或翻译。直接对应的零翻译提高了翻译效率,有助于目的语读者更好地理解和接受原文的文化内涵。来看下面一些零翻译的例子。

EQ 情商
VS 对阵
VIP 要客
HR 人事

(二)深度翻译策略

深度翻译策略,亦被称为"厚重策略",是一种独特的翻译方法,其核心理念源自阿皮尔(Appiah)的观点,主张通过添加各种注释、评注等方式,将待翻译的文本置于一个更为丰富和多元的语言文化环境中。[1]这种方法不是局限于某一特定文本或领域,而是可以广泛应用于任何含有丰富解释材料的作品,包括文学作品、历史文献、科学论文等。

以文学作品为例,深度翻译要求译者深入挖掘作品的文化内涵,将原文中的隐喻、象征、典故等元素详尽注解,以便读者更好地理解作者的创作意图。译者还需关注作品所处的历史背景和社会环境,将这些因素融入翻译中,使译文贴近原文的语境和情感色彩。例如:

Jewish women are derided as "Jewish American princesses".

犹太学生被讥为"美籍犹太公主"。(注:Jewish American princesses 是美国俚语,意思是娇生惯养的阔小姐、自认为应受特殊待遇的小姐。)

(三)改写策略

改写翻译策略通常指的是在翻译过程中,译者针对目标语言的特点和习惯,将现成的、富有表现力的语言结构或表达方式加以改造,以更好地传达原文的含义和风格。这种策略要求译者在保持原文信息完整的基础上,注重目标语言的文化背景和语言习惯,从而使译文更具可读性和吸引力。

以一句脍炙人口的英文谚语为例:"Anger is only one letter short of danger."原译是:"生气离危险只有一步之遥。"该译文虽然准确传达了原

---

[1] APPIAH. Thick translation[C]//Lawrence Venuti. The Translation Studies Reader. New York and London: Routledge Taylor and Francis Group, 2005: 24.

文的意思,但缺乏一定的表现力和感染力。相比之下,改译的版本"忍字头上一把刀"则更加巧妙和生动。改译不仅保留了原文的文字游戏风格,而且通过运用中文的成语和象征手法,使译文更具韵味和深度。从这个例子中可以看到改写翻译策略的重要性。通过运用改写翻译策略,译者可以根据目标语言的文化背景和语言习惯选择更加贴切和富有表现力的表达方式,使译文更加生动、形象、易懂。这一方式有助于读者更好地理解原文的信息以及促进不同文化之间的交流。

改写翻译策略要求译者需要根据目标语言的文化背景和读者的阅读习惯,对源语文本进行适当的调整和改变。这种改变不仅包括词汇、句式的转换,还包括文化信息的传递和解释。例如:

(贾雨村)虽才干优长,未免有些贪酷之弊;且有恃才侮上,那些官员皆侧目而视。

(第二回)

But although his intelligence and ability were outstanding, these qualities were unfortunately offset by a certain cupidity and harshness and a tendency to use his intelligence in order to outwit his superiors; all of which caused his fellow officers to cast envious glances in his direction.[1]

在这个例子中,在翻译"恃才侮上"时,霍克斯将其改写为 use his intelligence in order to outwit his superiors,这种表达方式更符合西方读者的阅读习惯,同时也保留了原文的意思。同样,在翻译"侧目而视"时,霍克斯将其改写为 cast envious glances,这种表达方式也更能体现西方文化中对于嫉妒和羡慕的表达方式。

---

[1] Hawkes. The Story of the Stone[M]. London: Penguin Books, 1977: 105.

第三章

英汉社交用语翻译的跨文化障碍与对策

随着全球化浪潮的推进,英汉社交用语的翻译在跨文化交流中非常重要,但是英汉语言文化的差异使英汉社交用语翻译面临跨文化障碍。因此,本章从人名、地名、称谓语、委婉语这些内容入手,分析英汉社交用语翻译中的跨文化障碍,并提出具体的翻译策略,以期提升英汉社交用语翻译的质量与效果。

第一节　英汉人名翻译的跨文化障碍与对策

一、人名文化

人名文化作为人类文化的重要组成部分,它涵盖了人们对名字的选择、命名方式以及名字背后所蕴含的意义等诸多方面。它不仅是一个简单的标识符,更是一个包含了文化、历史、传统、信仰和价值观的复合体。人名文化反映了一个社会的价值观、审美观念以及对未来的期望和寄托。

在不同的文化与地域中,人名文化展现了其丰富多样与独特个性。以东方文化为例,人们普遍重视名字所蕴含的吉祥、美好与深远寓意,常与自然、天地、道德等概念紧密相连。但是,西方文化强调人名应该具有创新性、个性与独特性,这样才能在人名中体现个人特质与风格。人名文化与社会历史有关,不同历史时期对名字的选择与命名方式都会受到当时社会背景、政治环境、宗教信仰等因素的深刻影响。例如,在封建社会中,人们往往以官职、地名、封号为名,这样能够体现他们的身份与地位,但是到了现代社会,强调人名的个性与独特性,体现自我与追求个性自由的精神。

二、人名翻译策略

(一)归化与异化结合译

归化法指的是将人名按照目标语的文化习惯进行翻译,使其更贴近目标语读者的语言习惯。异化法指的是保持人名的原貌,尽可能保留源语言文化的特色。例如,在翻译文学作品时,归化法往往会导致中西人名中的文化差异被抹杀掉,使人名失去了原有的文化韵味,造成中西人名文化氛围的不协调。例如,Tolstoy 被翻译为"托尔斯泰",而不是"陶师道",这不仅保留了人名的原有形式,又传达了源语文化的独特魅力。因此,人名翻译应该注重归化与异化的结合，译者需要根据具体的人名、语境和文化背景综合考虑，选择最合适的翻译策略。

（二）约定俗成译

在探讨事物命名的过程中，我们可以观察到一种有趣的现象：事物的名称往往受到人们意向的影响，经过长期的实践和传承，逐渐形成了一种约定俗成的命名方式。这一原则在历史名人的人名翻译中体现得尤为明显。这些译名在历史的长河中逐渐沿袭运用并保留下来，成为具有独特文化内涵和历史背景的符号。

赛珍珠（Pearl S. Buck）与萧伯纳（George Bernard Shaw）等历史人物在中国拥有深入人心的译名，这些译名不仅代表了他们的个人特色与成就，还蕴含了丰富的历史与文化内涵。这种广为人知的译名，不仅便利了人们的沟通与认知，更体现了对历史的尊重与传承。

但在此类之外，翻译人名时，译者又不能仅仅依赖于广泛接受的译名，更应遵循一定的规范与标准。为了维护译名的统一与清晰，我们应遵循国家颁布的译名规范，确保译名的准确性。例如，George Bush 被译为乔治·布什，不仅遵循了语言的规范，又准确传达了原名的音韵与意义。

（三）同名同译

受历史、社会、文化背景以及个人理解等多种因素的影响，同一人名或术语在不同翻译中往往出现不同的译名，这种现象被称为"同名不同译"。这不仅给读者带来了困惑，也在一定程度上削弱了翻译的传播效果。因此，同名同译成为翻译实践中追求的一个理想状态。

以法国作家 Stendhal 为例，他的作品《红与黑》在世界文学史上享有盛誉。然而，在中国，这位作家的译名却存在多种版本。《辞海》中将其翻译为"司汤达"，《中国大百科全书》则翻译为"斯丹达尔"，而《外国历史名人辞典》则采用了"斯汤达"的译法。这种译名的不统一对于读者来说，无疑增加了理解和记忆的难度。

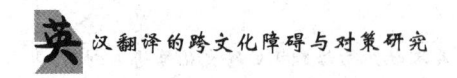

三、人名翻译案例:《红楼梦》的人名翻译

《红楼梦》不仅是我国古典文学的瑰宝,也是一部道尽人生喜和悲的人情小说。书中内容涵盖范围之广,可谓包含了所有的中国传统文化,而且在外国也颇具影响力。《红楼梦》中人物众多且关系复杂,而曹雪芹的命名技巧又非常独特,一些名字往往会运用双关的手法,即通过一些名字就可以推测人物在书中的性格和命运,不同的人物名字往往意味着不同的结局。杨宪益和霍克斯的两个英译本是目前来说流传最为广泛的,他们各自运用了不同的翻译策略,对文中的人名进行了精准翻译,从而为中国传统文化中人名的翻译提供了借鉴。

(一)《红楼梦》的姓名文化

在小说语境,名字是极其重要的,它不仅可以代表一个人,而且名字的好坏还会直接暗示其前途或命运,这在上层阶级中尤其明显。而封建社会等级观念很深,对地位高的人应遵守礼数,不能直呼其名。地位高的人或者长辈的名字不可以被随便使用,尤其是晚辈或者地位卑贱的人要谨记。据徐恭时统计,《红楼梦》中出现了共 495 名男子,480 名女子,共 975 人。由此可见,本书人数之多,名号繁杂。《红楼梦》中反映的是中国封建社会的贵族生活,因此在生活中需要遵守一些规矩,在这样的环境下,奴仆的名字不能和主人的名字相同,如书中有一个丫鬟叫"红玉",因为其名字中含有"玉",而"贾宝玉"也含有"玉"字。王熙凤是贾宝玉的表姐,她不喜欢别人尤其是奴仆在姓名中用"玉"字。

在中国传统文化中,一个人的名字并非凭空而来,往往是有一定的典故,或与家庭生活有关,或反映了人物生活的一部分事实,又或是采用"范字"取名的方法。比如,取名"金桂"是由于家里多桂花,"宝玉"是因为他出生就含着一块玉。贾家是世家大族,因此取名时按照行辈次序来排名,比如"水""代""文""玉",分别对应"贾演""贾代儒""贾敷""贾珠",这种方式也叫"范字"取名法,体现了他们所信奉的民族文化和认祖归宗的民族心理。

在中国传统文化中,人们在取名字时会讲究引经据典,特别是世家大族,这样才能显示家族显赫,而且男子在弱冠成年还要根据名字再取一个号。此外,古时人们常通过数字大小来表示出生排行,如老大、老二等,而且古代的下层人民通常会给自己的子女起贱名以期望好养活。古时很多人名都具有一定的关联性,如有血缘关系的兄弟姐妹,他们的名字中都含有相同的字,如"元春、迎春、探春、惜春"四姊妹,她们名字中都有一个"春"字,这便是这一习俗的体现。

(二)《红楼梦》人物名称的特点

1. 谐音

曹雪芹先生的《红楼梦》在设计人名方面都非常巧妙,每一个人名都值得细细品味,而且不同的人对不同的人名也会产生不同的理解。该书中有很多人名都有谐音,如"贾雨村""甄士隐"实际分别可通"假语存""真事隐",一个暗示所有的言论都是假的,一个暗示隐藏事实真相;"贾宝玉"实际可通"假宝玉"。有些谐音暗示了人物的命运,如贾母的四个孙女,分别是"元春、迎春、探春、惜春",这四个女性名字的第一个字组合起来就有了新的含义,即"原应叹息",暗示了这四位女性悲惨的命运,而"娇杏"实际可通"侥幸",即只是偶然的幸运;"英莲"实际可通"应怜",即值得同情;"霍启"实际可通"祸起",即灾祸发起,暗示命运多舛。

2. 追求吉利命名

《红楼梦》中的人物在命名时也会有追求吉利的民族心理,在一些地位低下的人的名字中可以体现出来,琴棋书画、春夏秋冬是最常用的名字。曹雪芹在为优伶等角色设计艺名时,也融入了对家族生意越来越好的期盼,这也是追求喜庆、吉利的具体表现。此外,书中姓名不仅是一种社会称谓,它更多地可以反映出一个人的喜好、追求以及愿望。《红楼梦》中贾、王、史、薛四大家族自然是希望自己家业兴旺,财源滚滚,因此有很多人物命名多用金玉珠宝等贵重物品,如"金钏、宝玉、宝钗、翡翠"等。

3. 神话人物的命名

《红楼梦》中出现很多神话人物,这些神话人物本身就有一定的象征意义,如第一回出现的"女娲、茫茫大士、渺渺真人、警幻仙子"等虚幻的人物,分别寓意女性话题、佛教、道教以及人生如梦的境界。其中,"情"的代表人物是警幻仙子;佛家思想的代表人物是茫茫大士;"道"的化身是渺渺真人,也即跛足道人。而甄士隐为了寻求道家出路,最后随跛足道人出家。此外文中也有儒家思想的表现,如女娲用石头补苍天的济世情怀。

4. 其他人物的命名

《红楼梦》中有许多和尚、尼姑以及道士的名号也非常有特点,如"大幻仙人、张真人、王道士、马道婆"等。佛家的法号有多种命名方法,其中双名使用居多,但也有用单名、三个字的。此外,对于婆子的命名,一般是以姓加名式或者姓加"妈",有的还采用"嬷嬷"式,如"叶妈""竹妈""赖嬷嬷"等,有的还会用其丈夫的姓加"大娘""大婶"或者"家的"来命名,如"周瑞家的",这体现了她们的丈夫在家族中是有一定地位的。

(三)《红楼梦》中人物姓名的翻译策略

《红楼梦》作者曹雪芹先生共向读者展示了数百个栩栩如生的人物,由于每个人物名称各不相同,因此在翻译人名时会有很大的困难,在忠实的基础上尽可能保持原来人名的格式。霍译本(霍克斯译本,简称霍译本)[1]为了让英语读者有更广阔的想象空间,采取的翻译策略是对书中的关键人物进行音译、非关键人物进行意译,从而使外国读者更容易理解人物名称的潜在意义,同时这种翻译策略也更有利于外国读者区分家族的上下级关系。而杨译本(杨宪益译本,简称杨译本)[2]对书中出现的所有真实人物的名字采用音译法翻译,即威氏拼音法,对虚拟人物或人物的绰号

---

[1] Hawkes. The Story of the Stone[M]. London: Penguin Books, 1977: 384.
[2] 曹雪芹,高鹗.A Dream of Red Mansions[M].杨宪益,戴乃迭,译.北京:外文出版社,2003.

采用意译法翻译。但这种方法的不足之处在于无法体现人名中的潜在意思,忽略了曹雪芹先生的双关用法,导致外语读者无法像汉语读者一样获得相同的阅读体验,体会作者的真实意图。书中常用的翻译策略如下。

1. 音译法

音译是根据发音特点进行翻译的方法。这种方法广泛应用于不同类型的英译本中,主要用于翻译一些人名、地名等专有名词,在杨宪益版《红楼梦》中,音译法的不同之处在于采取了特别的音译法,即威氏拼音法,如元春(Yuan-chun)、贾政(Chia Cheng)、宝官(Pao Kuan)、金钏(Chin Chuan)、贾雨村(ChiaYu-tsun)。而霍译本翻译如下:贾政(Jia Zheng)、宝玉(Bao-yu)、黛玉(Dai-yu)、熙凤(Xi-feng)、贾雨村(Jia Yu-cun)。

通过比较,发现杨译本在人名的发音上更有助于外国人理解、拼读与记忆。霍译本在翻译主要人物的名字时尽可能地不改变格式进行音译,增加了外语读者的阅读难度但是保留了原文本的语言特点。音译的优势是显而易见的,它是人名翻译中最常用的方法,而人名归根结底只是一个社会称谓而已,其内涵意义往往更受关注。但是,单纯地进行音译很容易导致人名潜在意义的缺失,如"霍启"翻译成 Huo Chi。书中的人物在进行命名时往往被赋予了不同的含义,曹雪芹先生起名很注意人物的命运、性格、生活等,往往会用双关、谐音的手法进行命名,此外,还包含寓意较好的词汇,如珠宝、花鸟、书画等,人名非常丰富,许多人物的名字或几个人物的名字合起来,都是有一定潜在意义的。这时单纯的音译显然是行不通的,需要寻找其他翻译技巧或策略进行解决。

2. 脚注法

原文中一些人名运用了双关或谐音的手法,因此简单地进行音译难免有些牵强。杨译本在处理这些人名时更多地会增加脚注等注释来进行解释,其优点是促进了外国读者对不同人名含义的理解,而不仅是对字母符号的理解,从而更好地理解作者命名的目的。中国古代的人名体系极其复杂,一个人的名字会包含很多成分,包括名字、字、号等,如薛蟠字"文龙",贾宝玉号"怡红公子",林黛玉号"潇湘妃子"等。以下是杨译本采取的加脚注策略:

贾化——Chia Hua（"false talk"即"假话"）；

卜世仁——Pu Shih-jen（"not a human being"即"不是人"）。

霍译本在处理这些蕴含深意的人名时，采用了意译法：娇杏——Lucky，霍启——Calamity。

由此可见，杨译本在处理人名时进行了注释或加脚注来解释或说明，这样可以更好地帮助外国读者对人名进行理解，而霍译本直接进行了意译，虽然避免了脚注的麻烦，但是破坏了源语的语言特点，不能给外国读者带来相同的阅读感受。

3.意译法

曹雪芹在写《红楼梦》时采用了独特的命名方法，使一些人的姓名有了很多隐含的意思，甚至和主人的前途命运联系在一起。而中西文化存在明显差异，如果仅仅停留在音译层面，就很难让外国人读懂人物姓名的真正内涵，因此需要采取意译法进行翻译。比如：

对贾家义学的小学生人名进行意译：香怜（Sweetie）、玉爱（Lovely）。

根据人名中汉语的多义性进行翻译：麝月（Musk，麝香）、茜雪（Snow pink，白雪粉红）。

《红楼梦》中有很多丫鬟，如隆儿、兴儿、丰儿等，分别翻译为"Rich、Joker、Felicity"。

法名如静虚——Euergesiao（希腊语），即"行动、能力、势力"，智善——Benevolentiao（拉丁语），即"仁心"。

翻译小名、爱称时，如袭人——Aroma（芳香）。

4.其他译法

《红楼梦》中除了普通人物外，还有许多神仙、和尚、尼姑等。译者在翻译时不能单纯地进行音译，首先应该准确理解这些虚拟人物代表的是什么，有没有潜在意义。由于原文本有神仙这类特殊人物，因此在翻译时需要尽可能地描写其神通广大的能力，从而便于外国读者理解。比如，杨译本对一些虚构人物的翻译："茫茫大士"（the Buddhist of Infinite

Space）、"渺渺真人"（the Taoist of Boundless Time）。这样翻译显示了两位仙人神通广大的能力以及无与伦比的地位，让外语读者惊叹于中国神仙的能力之大，同时对珠宝类人名的翻译能够让英文读者毫不费力猜测出其含义。霍译本则对一些名称进行多语言翻译，如珠宝类人名"宝官"为 trésor（法语）。

《红楼梦》一共出现了九百多个名字，可以看出翻译工程之大，要想保质保量地完成确实不容易。虽然杨译本采取了音译法中的威氏拼音法进行翻译，但是存在很多不足，读者不能很好地理解中国人命名的真实目的，无法猜测人名中的潜在意义；霍译本用拼音法翻译文中的关键人物，很好地保留了源语言的格式，留给外国读者更广阔的想象空间，而意译非关键人物省略了加脚注的方法，外国读者也能更容易地理解人名的真实内涵。

第二节 英汉地名翻译的跨文化障碍与对策

一、地名文化

地名文化是深深植根于历史和地理的文化现象，不仅记录了人类社会的演变，更反映了人类对自然环境的认知与利用。地名并非仅仅一个简单的地理位置标签，更是一种文化的传承媒介，它蕴含着丰富的历史信息、民族情感、社会习俗和地方特色。地名文化的形成与发展受到地理环境、历史变迁、民族分布、宗教信仰等多重因素的影响，如中国很多地名的起源都与历史事件、名人轶事、神话传说等有关，这些地名不仅使人联想到特定的地理位置，更能让人感受到文化的韵味与历史的厚重。随着城市化的推进与现代化的加速，许多传统的地名正逐渐消失，被新的、缺乏文化内涵的地名所替代。因此，加强对地名文化的研究与保护，确保这一独特的文化遗产得以延续与传承，显得尤为重要。

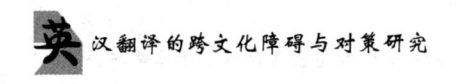

二、地名文化翻译策略

（一）音译

音译是一种重要的翻译方式，译者在翻译地名时常运用音译法。例如，中国许多省市县地名都用音译法翻译，目的是方便了国内外游客的识别，也有助于中国文化的传播。例如，福建省为 Fujian，天津市为 Tianjin。

然而，在音译过程中，也需要注意一些问题。有些地名在写成拼音形式时容易混淆，这时就需要使用隔音符号进行分割。比如，西安市被音译为 xi'an，建瓯市被音译为 Jian'ou，兴安盟被音译为 Xing'an，东阿县被音译为 Dong'e。隔音符号的使用不仅提高了音译的准确性，也避免了误解和混淆。

在英语地名的翻译中，音译法也被广泛应用。为了保证中西地名翻译的准确性，同时保留源语文化的底蕴，西方很多地名也采用了音译方法。例如：意大利的比萨城 Pisa，德国的柏林市 Berlin。

（二）意译

有的地名寓意是美好愿景，有的展示了富饶物产，还有的凸显了浓郁的地域特征。为了更好地传达这些地名所蕴含的深刻内涵，翻译时常常需要借助意译法，让目标语读者也能领略到原名的魅力。

以汉语地名为例，许多地名都蕴含着美好的愿景。例如，"长城"被翻译为 the Great Wall，其中的 Great 一词强调了长城的雄伟壮观，突显了其在人类历史上的重要地位。同样，"牛尾海"被翻译为 Port Shelter，其中的 Shelter 一词传达了牛尾海作为天然良港的安全避风之意。此外，"象鼻山"被译为 the Elephant Hill，这种翻译方式不仅保留了地名的原文特征，还使英语读者能够直观地感受到其独特的地理形态。

在英语地名中，同样存在着音译难以传达内涵的情况。此时，意译法则成为一种有效的翻译手段。例如，Mount Alabama 被翻译为"阿拉巴山"，这种翻译方式不仅保留了地名的音译，还通过添加"山"一词，明确了其作为山脉的地理特征。同样，Great Island 的翻译突出了该岛屿的伟大与独特,而 North York Shire 则清晰地表达了其位于约克郡北部的地理位置。

此外,地名中还常常包含数字、人名等元素,这些元素在翻译时也需要考虑其文化内涵。例如,Three Lakes(Washington.)被翻译为"三湖村(华盛顿)",这种翻译方式既保留了地名的数字特征,又明确了其所在的州份。而 Prince of Wales Island(Alaska)的翻译则体现了该岛屿与威尔士王子的历史渊源。

三、地名文化翻译案例:《冰与火之歌》的地名翻译

韦努蒂指出异化是"对这些文化价值观的一种民族偏离主义的压力,接受外语文本的语言和文化差异,把读者带入外国情境"[①]。异化作为译者在《冰与火之歌》中对地名翻译采取的一种主要态度,在实践中具现为两种翻译策略。

(一)音译

译者在涉及家族领地中的地名翻译时,常采用音译的方式来显示此处堡垒或城镇的归属,方便读者厘清不同家族之间因地缘关系造成的亲疏和主从关系。比如,七国重要的海港城市之一 Lannisport,译者在这里前半部分音译,后半部分直译,合为兰尼斯港,显示了此城和兰尼斯特家族关系之亲密。

(二)直译

在音译之外,文中很多地点是以直译的方式翻译出来的,如艾林家族首府 The Eyrie。eyrie 对应的中文含义是猛禽巢,小说中艾林家族的族徽便是一只展翅的鹰,译者在增译了地名通名——"城"后,将其直译为"鹰巢城",不仅包含了地理信息,而且展现了家族特色。凭借着译者的异化态度,小说中的虚拟大陆的文化魅力才得以呈现。这里再以两个地名为例进一步阐释译者的异化的处理策略。

---

① VENUTI. The Scholars of Translation—Toward an Ethics of Difference[M]. London: Routledge, 1998: 14.

卡霍城 Karhold。hold 作为名词,有影响、权威和控制之意,Kar 则是北境贵族卡史塔克 Karstark 家族名的简称,Karhold 在小说中是卡史塔克家族掌控的城堡。所以,在这里,译者增译一个地名通名,用音译的方式保留卡史塔克家族的简称,译为卡霍城,显示了此地的家族特色。

孪河城 The Twins。译者在另一个家族城堡的译名中不仅考虑了家族特色,还考虑了其所处的地理特点,即位于河间地的贵族佛雷家族所拥有的城堡。Twins 在小说中指的是佛雷家族在绿汊河处拥有两座相连的城堡,其族徽就是一座双城,译者选择书面语"孪"字,增强了译文的可读性,同时考虑到佛雷家族所在地位于两河交汇处,增译一个"河",兼顾家族特色和地理特色,译法可谓两全其美。

从以上几个例子可以看出译者在表现自己异化的态度时,对这些地名的地理位置、家族特色等方面都作出了合理的考量,在实践上也不拘泥于简单的直译或音译,而是根据自己的理解适当进行意译和增减译,最大程度展现了小说的奇幻色彩。这也是对韦努蒂的异化概念的进一步诠释,韦努蒂认为异化不是一种策略,许多不同的话语翻译策略都可以产生异化的效果。

第三节 英汉称谓语翻译的跨文化障碍与对策

一、称谓语文化

称谓语文化指一种通过称谓语来表达、传递和反映社会文化、价值观念、人际关系等方面的文化现象。不同文化背景下的称谓语差异显著。在东方文化中,尊老爱幼、重视家庭和谐是社会核心价值,因此称谓语多涉及家族成员之间的关系,如"爷爷""奶奶""叔叔""阿姨"等。在西方文化中,个人主义更为突出,人们更强调个体的独立性和自主性,因此称谓语相对简单,通常只包括 Mr.、Mrs.、Miss 等基本形式。此外,不同文化对于称谓语的性别、年龄、社会地位等因素也有不同的敏感度和重视程度,这进一步丰富了称谓语文化的多样性。这种多样性和复杂性不仅反映了人类社会文化的多元性和差异性,还对社会交流产生了深远影响。恰当的称谓语能够增进彼此之间的理解和信任,促进交流的顺利进行;

错误的称谓语可能导致误解和冲突,甚至破坏人际关系。因此,在跨文化交流中了解并尊重不同文化背景下的称谓语习惯至关重要。

二、称谓语翻译策略

(一)零译策略

零译策略是在翻译时译者选择性地省略某些词或表达方式,以更好地适应目标语言的表达习惯和文化背景。译者在翻译汉语敬称和谦称时常常会选择零译策略,以更加贴近英语的表达方式,便于英语读者理解。以"雨村起身也让道:'老先生请便。晚生乃常造之客,稍候何妨。'"这一句子为例,原文中的"老先生"和"晚生"分别是敬称和谦称。在翻译时,如果直接保留这些称谓,可能会让英语读者感到困惑。因此,译者选择用 sir 和 I 来替换这些敬称和谦称,这样的翻译既遵循了英语的表达习惯,又保留了原文中的尊重和谦逊之意。

(二)直译策略

对于两种文化背景下相同或对等的称谓语,直译策略往往是有效且常用的,因为这些称谓在各自的语言中都已经形成了约定俗成的表达方式,直接对应翻译不仅保持了原意,也尊重了各自文化的特色。

以家庭成员的称谓为例,无论是在东方还是西方文化中,父母、子女等核心家庭成员的称呼都非常相似。在汉语中,称呼女儿为"女儿",儿子为"儿子",父亲为"父亲",母亲为"母亲"。在英语中,对父母子女的称谓也几乎是一一对应的,女儿是 daughter,儿子是 son,父亲是 father,母亲是 mother。这种直译的方式不仅易于理解,也便于记忆。

除了家庭成员的称谓,一些日常生活中的称谓也可以通过直译来进行翻译。比如,"My nephew is a naughty boy." 这句话中的 nephew 在汉语中直接翻译为"侄子",而 naughty boy 则翻译为"淘气的孩子"。这种直译方式既保留了原句的意义,又符合汉语的表达习惯。

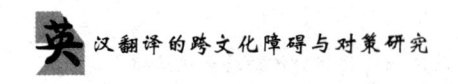

（三）直译加注策略

不同文化背景的人对亲属关系的称呼存在明显的差异，如果仅采用直译法，有时候很难传达出原意，甚至可能导致误解，这就需要在直译的基础上添加注释，即在保持原意的基础上通过添加注释来明确称谓语的具体含义。

以汉语的亲属称谓为例，可以看到许多称谓在直接翻译成英语时可能会显得含糊不清。比如，"内兄"和"内弟"这两个词，在汉语中分别指的是妻子的哥哥和弟弟。翻译成英语时，虽然都可以被译为 brother-in-law，但为了避免混淆，通常会在后面加上括号注解，明确指的是 wife's elder brother 或 wife's younger brother。同样，"妹夫"和"姐夫"这两个词在汉语中分别表示妹妹的丈夫和姐姐的丈夫，翻译成英语时也需要在 brother-in-law 后加上具体的注解。

此外，对于汉语中的"岳父""公公"和"婆婆"等称谓，直接翻译成英语时也需要进行注解。例如，"岳父"在汉语中指的是妻子的父亲，翻译成英语应为 father-in-law（wife's father）；"公公"则指的是丈夫的父亲，翻译成英语时应为 father-in-law（husband's father）；而"婆婆"则是指丈夫的母亲，翻译成英语时应为 mother-in-law（husband's mother）。

同样的逻辑也适用于汉语中的"孙女婿"和"岳母"这两个称谓。在汉语中，"孙女婿"指的是外孙女的丈夫，翻译成英语时需要在 grandson-in-law 后加上注解 granddaughter's husband；而"岳母"则是指妻子的母亲，翻译成英语时应为 mother-in-law（wife's mother）。

译者可以通过添加解释性词语或调整句子结构等方式，进一步帮助英语读者理解原文的称谓文化。例如，在翻译"小栓的爹，你就去吗？"时，译者可以在句子中添加解释性词语，如 "Are you going now, Dad of Xiaoshuan?" 以明确"小栓的爹"的身份。同时，调整句子结构也是一种有效的翻译策略，可以避免英语读者对原文的误解。例如，将"里面的小屋里，也发出一阵咳嗽"翻译为 "From the small inner room, a fit of coughing was heard." 更符合目标语读者的阅读习惯。

第四节　英汉委婉语翻译的跨文化障碍与对策

一、委婉语文化

委婉语文化指为了避免直接提及某些敏感、尴尬或令人不悦的话题，往往采用委婉、含蓄或曲折的语言表达方式来表达，出于对他人的尊重或者礼貌。例如，人们在谈论死亡相关的话题时常常会使用委婉语来表达，英语中会说 pass away 或 depart this life，而不是直接说 die，汉语中会说"去世"或"过世"，而不是直接说"死"。这些委婉语的使用不仅体现了对死者的尊重，也避免了直接提及死亡这个话题所带来的沉重和不适。

二、委婉语翻译策略

（一）直译法

委婉语作为一种独特的语言现象，其在汉语中的运用体现了中华民族的深厚文化底蕴和交际智慧。然而，译者在将汉语委婉语直译成其他语言时往往会遇到困难，因为委婉语会涉及特定的文化背景、社会习俗和心理预期，如果仅选择直译则会很难被准确传达。因此，在翻译汉语委婉语时，需要充分考虑到目标语读者的文化背景和接受习惯，以确保翻译结果的准确性和可接受性。例如：

几时我闭了这眼，断了这口气……

（第二十九回）

Once I closed my eyes and breathed my last...[①]

在杨宪益的《红楼梦》英译本中，他对于汉语委婉语的翻译策略展现

[①] 曹雪芹,高鹗. A Dream of Red Mansions[M]. 杨宪益,戴乃迭,译. 北京：外文出版社,2001：421.

出了独特的见解和坚持。在将这些用以表达不便直言或令人不快的内容,在中国文学作品中尤为丰富的委婉语翻译成英语时,杨宪益往往选择了直译的方法,这在"闭眼"和"断气"等例子中体现得尤为明显。

(二)意译法

在汉语委婉语的英译过程中,意译是指根据英语委婉语的特点和英语读者的文化背景,对汉语委婉语进行翻译,使其更符合英语的表达习惯,但需要注意不要失去原文的语义和风格。例如:

熙凤姑娘仗着老太太这样的厉害,如今"焦了尾巴梢子"了,只剩了一个姐儿,只怕也要现世现报?

(《红楼梦》第一百一十七回)

Xifeng was so ruthless when she had the old lady's backing that now she died sonless, leaving only one daughter. She is suffering for her sins![1]

上例中,如果将"焦了尾巴梢子"直译过来让人很难理解,其实这在汉语中表达出了一种深刻的社会观念,即 sonless,没有子嗣。因此,译者需要巧妙地运用意译法进行翻译,转换成一种委婉的表达,以确保信息的准确传递和文化的有效沟通。

(三)迂回表达法

在教育领域,委婉语的使用尤为普遍。例如,对于身体或心理上有障碍的学生,英语中通常不会直接称呼他们为"残疾学生",而是称之为"身体上受到挑战的学生"(physically challenged students)或"心理上受到挑战的学生"(mentally challenged students)。这样的称呼旨在保护他们的自尊心,让他们感受到社会的关爱和支持。同样,对于智力低下的学生,英语中不会直接说他们是"智力低下",而是称之为"智力上受到挑战的学生"(visually challenged person)。这种委婉的称呼方式体现了我们对他们的尊重和理解。

在社交场合,委婉的表达方式也经常被用来避免尴尬或冲突。例如,

---

[1] 曹雪芹,高鹗. A Dream of Red Mansions[M]. 杨宪益,戴乃迭,译. 北京:外文出版社,2001:1242.

当某人作弊时,英语中可能会说他们在"作业上依赖别人"(depend on others to do his/her work),而不是直接指责他们作弊。这样的说法既达到了提醒的目的,又避免了直接冲突。同样,当某人说谎时,可能会说他们"有辨别想象的信息和现实信息的障碍"(have difficulty distinguishing between imaginary and factual information),而不是直接指责他们说谎。这种委婉的说法既照顾到了对方的面子,又传达了我们的意思。

第四章

英汉自然景象及其描述词翻译的跨文化障碍与对策

　　自然景象作为人类语言中不可或缺的描述对象，其翻译在跨文化交流中占据着举足轻重的地位。但由于英汉两种语言在文化背景、审美观念、语言习惯等方面的差异，自然景象的翻译往往面临着诸多跨文化障碍。这些障碍不仅影响了信息传递的准确性，也阻碍了文化交流的进行。因此，本章将从山水文化、色彩词文化、数字词文化、动植物词文化几个方面入手，深入探讨这些自然景观翻译中的跨文化障碍，并提出相应的翻译策略。

第一节　英汉山水翻译的跨文化障碍与对策

一、山水文化

山水文化作为一种独特的文化现象,源于人类对自然环境的敬畏与欣赏。它不仅仅是对山水风光的描绘和赞美,更是对自然与人类生活关系的深刻反思。在山水文化中,山代表着坚韧与稳定,水则象征着流动与变化。这种对立统一的关系,恰恰反映了人生中的种种挑战与机遇。

山水文化的分类方式多种多样,有着不同的角度。

从地域角度来看,山水文化可以分为江南水乡文化、岭南山水文化、西北大漠文化等。江南水乡文化以细腻、柔美、灵动为特点,注重与自然和谐共生;岭南山水文化则强调山水之间的呼应,追求景象的气韵生动;西北大漠文化则表现出雄浑、苍茫、壮阔的风格,反映了干旱地区人民的坚韧与豪情。

从文化层次来看,山水文化可以分为文人山水、民间山水和宗教山水等几种类型。文人山水以文人雅士为主体,强调诗情画意和意境深远,常常以山水画作为创作媒介;民间山水更多地反映了普通人民的生活和情感,形式简朴,内容实在;宗教山水则与宗教信仰相结合,以山水为背景,表现出宗教的崇高感和神秘感。

从艺术表现形式来看,山水文化还可以分为绘画、诗词、园林等多种形式。绘画是山水文化中最为常见的一种表现形式,通过线条、色彩等艺术手段表现山水之美;诗词以文字为媒介,用优美的语言和韵律来抒发对山水的体悟和情感;园林则是将山水文化融入实际的建筑和景观设计中,创造出一种自然与人文相融合的环境。

二、山水文化翻译策略

（一）山文化的翻译

在英语中，山这一自然元素的文化内涵相对较为简单，通常表现为描绘其客观存在，如高度、形状、颜色等。因此，在翻译涉及山的英文文本时，常常可以采用直译法，直接传达原文的含义。然而，汉语中的山不仅是一种自然景观，更承载着丰富的文化内涵，因为山与人们的情感、信仰、哲学思考等有关，因此译者在翻译汉语中有关山的文化表达时，需要运用更多的翻译策略，这样才能使文化得以传递和接受。

在翻译汉语中的山文化时，直译法仍然是一种常用的策略。虽然汉语中山有着丰富的文化内涵，但这些内涵往往与其物理特征紧密相关，这些物理特征东西方并无二致，因此通过直译法可以保留原文的文化内涵，有助于西方读者的理解。例如，在翻译唐代无名氏的《菩萨蛮》中的"枕前发尽千般愿，要休且待青山烂。水面上秤锤浮，直待黄河彻底枯。"时，译者许渊冲采用直译法，将"青山"译为green hills[1]，既传达了原文中的自然形象，也便于西方读者理解。

除了直译法外，着色法也是翻译汉语中山文化时常用的一种策略。由于季节、光照等因素的变化，山常常会呈现出不同的颜色，而这些颜色在汉语中往往被用来创造和渲染不同的意境和情感。在翻译时，译者可以从山的颜色入手，通过着色法来准确传达原文的含义与情感。例如，在翻译白居易的《白云泉》中的"天平山上白云泉，云自无心水自闲。何必奔冲山下去，更添波浪向人间。"时，许渊冲将"天平山"译为Sky-blue Mountain，不仅与"白云泉"的颜色相搭配，而且将原文中和谐、宁静的氛围充分地表达了出来。

（二）水文化的翻译

在英语文学作品中，水也常被用作一种充满象征性和描绘性的表达

---

[1] 许渊冲.许渊冲译唐宋词一百首[M].北京：中译出版社，2021：21.

手法,它既是物质的实体,又是作者情感色彩的载体。英语中水的形象与内涵使作品包含着丰富的情感色彩,对于译者而言,深入理解和精准把握英语中水文化的概念并进行巧妙翻译,显得非常重要,译者在翻译中应根据具体语境灵活采用不同的翻译策略。直译法能够尽可能地保留原文的意象和表达含义,如英语中 Water is the soul of the landscape 这句话如果直译为"水是风景的灵魂",不仅保留了原文中水与风景之间从属的关系,又凸显了水在风景中的核心地位,使读者能够直接感受到原文中的情感色彩。然而,在翻译一些具有深厚文化内涵或象征意义的水文化表达时,直译可能无法完全传达原文的深意,这时候译者可采用意译法进行翻译,即根据目标语的表达习惯和读者的接受度,将原文中的意象转化为相应的表达,不仅能保留原文的意象和内涵,而且能使目标语读者更好地理解和接受。

相比之下,水的文化内涵在汉语文学中占据着举足轻重的地位,其流淌的意象被赋予了丰富的情感和象征意义。在汉诗英译的过程中,如何精准地传达这种深厚的文化内涵,成为译者需要深入思考和探索的课题。

首先,对于水的直接翻译,需要在保留原文文化内涵的同时,确保译文的流畅性和准确性。例如,李白的《望庐山瀑布》中,瀑布被形容为"飞流直下三千尺,疑是银河落九天"。许渊冲在翻译时直接保留了"水"的意象,将其译为"Its torrent dashes down three thousand feet from high; As if the Silver River fell from azure sky." 这样的翻译不仅保留了原文的生动形象,还通过复现 Silver River 这一比喻,将瀑布的壮丽景象展现得淋漓尽致。

然而,有时候直译并不能完全表达出原文的韵味和内涵,这就需要运用一些翻译技巧,如转移、化隐为显和替代等。例如,在严维的《丹阳送韦参军》中,诗人通过水的意象来烘托离别的凄凉之情。陈君朴在翻译时,采用了转移法,将"寒"的语义转移到了江水之上,译为 cold water flow,成功地传达出了诗人的凄凉与失落之感。①

中国文人在抒发情感时往往含蓄委婉,这就需要译者在翻译时采用化隐为显的方法,将原文中的隐性信息传达出来。例如,晏几道的《满庭芳·南苑吹花》中,"可怜便、汉水西东"这一隐性信息,许渊冲在翻译时将其显化为"We are east and west like running stream." 既保留了原文的

---

① 陈君朴. 汉英对照唐诗绝句 150 首[M]. 上海:上海大学出版社,2005:106.

审美特质,又传达出了诗人的伤感情绪。

当汉语中的水文化内涵难以直接用英语表达时,可以尝试采用替代法。例如,在王维的《山居秋暝》中,"清泉石上流"被许渊冲翻译为"Over the glistening rocks the spring water glides."这里译者并没有直接翻译为flow,而是选择了glide这一词汇,既传达了水的流动感,又凸显了其轻盈灵动的特质。

第二节 英汉色彩词翻译的跨文化障碍与对策

一、色彩词文化

色彩词作为语言的重要组成部分,蕴含着深厚的文化内涵与情感色彩。它不仅是描述事物外观的工具,更是人们表达情感、展现态度的媒介。由于地域、历史、文化等多方面的差异,不同国家和民族对颜色的认知和感受存在显著差异,这直接导致了色彩词在不同语言文化中的独特运用。在中国传统文化中,色彩往往与深厚的文化内涵和哲学思想紧密相连。例如,红色常被视为吉祥、繁荣和喜庆的象征,用于婚礼等庆典场合。在西方文化中,红色可能更多地与激情、爱情或危险相关联。这种差异不仅仅体现在对颜色的直观感受上,更反映了不同文化背景下人们的价值观和审美取向。

色彩词作为文化的重要载体,其背后蕴含着丰富的文化内涵和价值观。中西方在色彩词使用上的差异正是其不同文化背景和价值观的生动体现。这种差异不仅丰富了语言文化的多样性,也为我们理解和交流不同文化提供了宝贵的线索和启示。

二、色彩词文化翻译策略

(一)直译

在英汉两种语言中,色彩词的概念意义基本对应。对于英语和汉语中意义相近的色彩词，可以采用直译法，以保留原文的意象和情感色彩。

例如，在汉语中，常常用"红"来形容喜庆、吉祥、重要的事物，如"红头文件""红榜"等。在英语中，red 也具有类似的象征意义，如 red carpet（红地毯）通常用来表示尊贵和荣誉，与汉语中的红毯相呼应。此外，在英汉两种语言中，"绿"常常与生命、希望、和平等概念相联系，组词有 green leaf（绿叶），green tea（绿茶）等。

再如，在曹雪芹的《红楼梦》第五回中，有诗句"将那三春看破，桃红柳绿待如何？"翻译成英文便是："She will see through the three Springs/ And set no store/By the red of peach-blossom, the green of willows."这里"桃红柳绿"被直译为 the red of peach-blossom, the green of willows，既保留了原文的意象，又传达了原文的情感色彩。

（二）增添色彩词意译

在翻译过程中，译者有时会遇到一些情况，即原文中并未直接使用色彩词，但在译文中增添适当的色彩词可以使表达更加生动、准确和富有感染力。

例如，大怒（see red）这一表达，在英语中，see red 通常用来形容某人大怒或极度愤怒的状态。这里的 red 作为色彩词，形象地描绘了愤怒时面红耳赤的情景，使表达更加生动。在翻译时，如果原文中未使用色彩词，译者可以根据这一表达习惯，适当增添表示"红"的字眼，使译文更加贴合原文的意义。

再如，"新手"这个词通常被翻译为 green hand。这里的 green 就是一个色彩词，它巧妙地传达了新手在经验、技能方面的不足，同时也带有一种生机勃勃、充满潜力的意味。这种翻译方式不仅准确传达了原意，还使表达更加生动、形象。

又如，负债（be in the red）这个表达，在英语中，be in the red 通常用来表示某人或某机构负债或亏损的状态。这里的 red 作为色彩词，表现着亏损或负债的负面意义。在翻译时，如果原文中未使用色彩词，译者可以通过增添类似字眼，使译文更加直观地传达原文的含义。

(三)删减色彩词意译

虽然直译法能保留原文的形式和词汇,有时却无法准确传达原文中的色彩词所蕴含的文化内涵和情感色彩,导致读者对原文产生误解。例如,在汉语中,"黑心肠"并非指心脏的颜色,而是用来形容一个人的心肠恶毒、阴险。同样,在英语中,a black look 也不是指真正的黑色眼神,而是用来形容愤怒、不满的表情。在这种情况下,如果坚持直译,不仅无法传达出原文的含义,还可能会让读者产生困惑。

再如,"红榜"在汉语中是指用来公布优秀成绩或表扬的榜单,通常与荣誉、优秀等词联系在一起。在英语中,相应的表达是 honor roll。虽然"红榜"的字面意思是红色的榜单,但在翻译时更多的是关注其背后的含义,即优秀和荣誉,而非具体的颜色。

(四)改换色彩词意译

在语言的海洋中,色彩词汇的运用往往丰富多彩,它们不仅能描绘出五彩斑斓的世界,还能通过隐喻、象征等手法,传达出丰富的情感和思想。然而,由于不同文化和语言之间的差异,有些色彩词汇在翻译中可能会产生一些有趣的现象,这要求译者改换色彩词意译。

汉语中经常会遇到一些与英语色彩词汇看似对应,但实际上意义大相径庭的例子。比如,black tea 在英语中指的是一种发酵程度较高的茶,而在汉语中则称为"红茶"。如译作"黑茶",看似简单直观,但实际上忽略了两种语言背后所蕴含的文化内涵。

再如,black and blue 在英语中通常用来形容皮肤上出现的青紫色瘀伤,形象地描述了受伤后皮肤所呈现出的颜色。但在汉语中并没有直接对应的词汇来表达这一概念。如果直译为"黑色和蓝色",那么就会让人感到困惑不解。因此,汉语中通常会采用意译的方式,将其翻译为"青一块紫一块",这样既能保留原意,又能让汉语读者更容易理解。

"红运"在汉语中是指好运、顺利,而 red 在英语中并没有直接对应的含义。因此,在翻译时,译者更倾向于使用 good luck 来传达"红运"的含义。同样,red battle 在汉语中是指血战、激烈的战斗,而在英语中,译者更倾向于使用 bloody battle 来传达相同的概念。

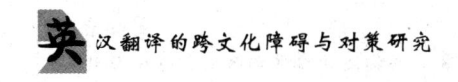

第三节　英汉数字词翻译的跨文化障碍与对策

一、数字词文化

数字词文化,顾名思义,是以数字为媒介,通过特定的语言规则和表达方式,形成的一种独特的文化现象。这种文化现象在我们的日常生活中无处不在,无论是通过语言、文字、图像还是其他媒介,都可以看到数字词文化的影子。数字词文化具有如下特征。

(一)高度的语境依赖性

在不同的语境下,同一个数字可能具有完全不同的含义。例如,在篮球比赛中,"24秒"代表着进攻方必须在24秒内完成投篮,否则将失去球权;在美国文化中,"24/7"则意味着全天候、不间断的服务或工作。

(二)强烈的创新性

随着社会的发展和科技的进步,新的数字词和表达方式不断涌现。例如,在互联网时代,"@"符号成为指代特定用户或账号的标记;"#"符号则被用于创建和标识话题。这些创新性的数字词不仅丰富了我们的表达方式,也推动了数字词文化的发展。

(三)普遍性和跨文化性

虽然不同文化对数字的解释和象征意义生成可能有所不同,但使用数字作为一种普遍存在的人文现象,其背后的逻辑和规律是共通的。因此,数字词文化能够在不同文化之间进行交流和融合,形成一种全球性的文化现象。

二、数字词文化翻译策略

（一）精确数字的翻译

精确数字往往包含着精准的信息，因此译者在翻译时需要确保高度的准确性和精确性。例如，英语中的"1,000"应翻译为汉语的"一千"，这种直接对应的翻译方式有助于保持数字的精确性和准确性。但是，由于英汉两种语言在数字表达方式和习惯用法上存在差异，译者需要考虑目标语的表达习惯进行灵活调整。例如，英语中的大数字通常使用 thousand，million 和 billion 等单位进行表达，在汉语中则往往使用"万""亿"等单位。因此，译者需要根据目标语的习惯用法进行适当的转换。

（二）概数的翻译

概数有着独特的灵活性和多样性，因为概数本身的模糊性和不确定性，译者在翻译时需要考虑具体的语境和表达需求来选择最为合适的翻译策略。例如，译者可以采用目标语言中的概数表达方式，即译者需要深入了解目标语的表达习惯，以便使译文更加地道和自然。例如，英语常使用 several（几个）、a few（少数几个）或 hundreds of（数百）等词语来表示概数；汉语中则使用"若干""几个""数百"等词来传达相似的概念。对应起来，这样可以确保译文的准确性和流畅性。

（三）数字缩略语的翻译

数字缩略语具有丰富的内容或多层意义。这类词汇虽然简洁、生动、活泼、独特，但承载了大量需要传达的信息。

1. 数字缩略语直译

直译是数字缩略语翻译的一种重要形式，它通过直接翻译数字缩略语，简洁明了地表达了原本复杂的概念或信息。数字缩略语直译的特点在于其直观性和易记性。通过将数字与特定概念或词汇相结合，形成了独特的表达方式。例如，"3D"代表"三维"，"4K"代表"超高清分辨率"，"5G"代表"第五代移动通信技术"等。这些数字缩略语在各个领域都有广泛的应用，方便了人们的交流。

2. 直译加注释

数字缩略语在政府工作报告中可以传达丰富的信息，有时直译和意译的方法并不能准确有效地传达信息，还可能造成译文过于烦琐，在这种情况下，可以采用直译加注释的方法。一方面，保持译文简洁；另一方面，注释有助于读者理解原文和译文，达到更好的表达效果。例如：

三大攻坚战开局良好。

The three critical battles got off to a good start.（This refers to the battles against potential risks, poverty and pollution）

（2019年政府工作报告）

在译文中"三大攻坚战"直接译为 The three critical battles。译者在后面加上 This refers to the battles against potential risks, poverty and pollution 这一注释，三大攻坚战是指防范化解重大风险、精准脱贫、污染防治，直译加注使译文不至于过分烦琐，同时也能让目的语读者更好地理解和接受。

第四节 英汉动物词翻译的跨文化障碍与对策

一、动物词文化

动物词文化具有独特且丰富的文化现象，涵盖了与动物相关的各种词汇、表达形式、象征意义及深层的文化内涵，不仅体现了人类对动物的认知与情感，也深刻反映了人类社会的历史脉络、文化特色及民俗传统。动物词文化的诞生与人类对动物的亲近和依赖关系有关。在动物词中，不同的动物往往承载着不同的象征意义和文化寓意。例如,在中国文化中,龙被视为权力的象征,代表着吉祥与尊贵;凤凰寓意美好与和谐,是吉祥之鸟。在西方文化中,狮子代表着勇敢与力量,被用来象征王者之风;鸽子象征着和平与安宁,是国际和平友好的代表物。这些象征意义和文化内涵不仅体现了人类对动物特性的观察和理解,也反映了人类社会的价值观和审美观念。因此,动物词文化的影响深远,渗透到语言的各个层面,丰富了人类的表达方式。

二、动物词翻译策略

(一)直译:保留源语意象

在翻译的过程中,直译是一种常见且实用的方法。所谓直译,即将源语中的文化意象直接转换为目的语中的对等意象。这种翻译方式在处理动物文化意象时尤其有效。由于不同文化背景下的人们对某些动物的情感存在共通性,直译可以在很大程度上实现文化重合,确保意象的等值传递。例如,在英文中有这样一个表达:"A lion at home, a mouse abroad."这个表达包含了两个动物意象:lion 和 mouse。在翻译这个表达时,我们可以直接将其转换为汉语中的对应意象,即"在家如狮,在外如鼠",这样的翻译既保留了原文的意义,又使目的语读者能够准确地理解原文所传达的信息。

(二)转译:寻求功能对等

转译指在目的语中寻找与源语意象相契合的对等意象,以达到便于理解与把握的效果,其常见于处理涉及动物意象的词汇和表达。在翻译过程中,译者常面临源语意象难以被目的语读者理解或把握的困境,如果目的语中恰好存在与源语意象契合的对等意象,译者可以采用转译法,用目的语中的对等意象替代源语意象,使目的语读者能够更好地理解和把握原文的意图。例如,在英语中,as strong as a horse 这一表达转译了汉语中的"力大如牛",这里源语中的"牛"在汉语文化中被视为力量的象征,而在英语中,horse 同样承载着有强大的力量和耐力的寓意。因此,通过转译,英语读者能够轻松地理解这一表达所传达的力量强大的概念。再如,"落汤鸡"在汉语中用来形容一个人被雨水淋湿的样子。在转译为英语时,使用了 like a drowned rat 这一表达,因为在英语中,drowned 被用来形容某物湿透或狼狈不堪的状态,与汉语中的"落汤鸡"形象相吻合。这样的转译不仅保留了原文的形象性,还使英语读者能够直观地理解汉语中的这一比喻。

(三)省译:意象减值传递

所谓省译,即在翻译过程中,针对动物文化意象的减值传递现象。在跨文化交流中,不同语言中动物词汇的文化内涵往往存在显著差异。英语中一些动物词可能蕴含丰富的文化意义,而在汉语中却找不到相应的对应表达;反之亦然。面对这种情况,译者需要灵活运用意象减值传递的手法,即直接翻译出动物意象的内涵,以帮助读者更好地理解原文的含义,这种方法也可称为"释义法"。例如,英语习语 rain cats and dogs 在汉语中并没有与之对应的动物文化意象,因此译者可以选择省略意象,直接使用"倾盆大雨"这一意义,确保读者能够准确理解。

第五节 英汉植物词翻译的跨文化障碍与对策

一、植物词文化

植物词文化如同璀璨的星辰,闪耀着人类与自然界交融的智慧之光,它不仅仅是对植物的简单命名,而且蕴含着深厚的文化内涵和象征意义。中西方植物词汇文化内涵存在异同,下面将对此进行阐述。

(一)同一种植物,文化内涵相异

中西方在文化背景方面存在差异,因此相同的植物会有不同的文化内涵。例如,柳和 willow。在中国,柳有着丰富的文化内涵。"柳"字产生之初的意义为柳树。随着历史的发展,柳树不仅作为一种植物而存在,人们也赋予了其各种各样的文化内涵。

第一,柳树代表着春天的到来。初春时节,尽管天气依然寒冷,但柳树的生命就已经开始复苏,柳树的嫩芽向人们预示着春天的到来。因此,柳树与春天之间形成了一种象征关系。

第二,无论是在古代还是现代,因其谐音"留"含有的珍重祝愿和不舍情怀,柳都被看作离别的象征。古代的交通和通信远不如现在这么发达,人们一旦分别便不知何时才能相见,于是人们便习惯于借用其他事物来传递这种感情。在我国古代,人们有"折柳赠别"的习俗,这最能表达出"柳"作为"离别不舍"的象征。

第三,柳也被用来形容美丽的女子。以柳来指代美丽的女子,主要与柳本身的姿态和特性有关。柳给人的整体视觉印象是柔弱妩媚的,柳的组成部分柳条不仅手感柔软,而且长垂,微风下,万千柳条随风起舞,如同女人曼妙的身姿。柳柔软的特性和修长的姿态很容易让人联想到娇弱的美人。

在西方国家,柳也有着其独特的文化内涵,常常被用来象征失恋和死亡。在英语中,其可以用来代指"垂泪的柳",原因是以前的英国人戴柳枝编织成的帽子来表示哀悼之情。在莎士比亚的《奥赛罗》中,女主人公苔丝德蒙娜在丈夫受到蛊惑而怀疑自己后,无奈地唱起古老的"柳树歌",以示自己将会悲伤地死去。因此,wear the willow garland 或者 wear the green willow 就有"失恋""悲悼心爱者去世"的联想意义。

(二)同一种植物,文化内涵相似

不同文化圈的人们与自然和社会的交互过程相似,同一种植物也会被赋予相似的文化内涵,例如桃(peach)。

桃花被用来形容美丽的女子。在世人看来,桃花的美主要体现在它娇艳俏丽的色彩以及桃花飘落时所展现出的缤纷姿态等方面。艳丽的桃花给人一种感官上的冲击,刺激着人们展开丰富的联想,而联想的结果就是将桃与美丽的女子联结在一起,于是两者之间形成了比喻关系,被人们所熟知。

桃在汉语中还有长寿的文化内涵。民间传说是西王母娘娘每年三月三要在瑶池举行蟠桃寿宴,吃三千年一熟的蟠桃,因此桃在民间就成了长寿的象征之物。民间以桃贺寿,称之为"寿桃"。

英语中的桃虽然没有像在汉语中有这么多的文化内涵,但其也存在一定的相似之处。在英语中,桃也被用来描述美丽的女子。例如,人们用 peachy cheeks 来形容少女的面若桃花,美丽动人。这与汉语中的"桃腮"一致。除此之外,桃也用来表示美好的事物。英语中有一句谚语:"Life is not all peaches and cream." 该句中的 peaches and cream 的意思是完美无缺。又如,"He is a peach to work with." 该句中的 peach 指的是好伙伴。

(三)汉语植物词汇独有的文化内涵

一些植物词在汉语中有着丰富的文化内涵,但在英语中没有任何的联想意义。最值得一提的就是"岁寒三友",即"梅""松"和"竹",这三种植物在汉语中都被用来描写人的高洁品德。梅花是中国的传统花卉之一,盛开在寒冬季节,色淡清香。梅花盛开之时,由于其枝干无叶,形状色泽如铁一般,因此被人们用来象征高雅纯洁而含铁骨的高贵品性。松树四季常青,常用来比喻高风亮节,有坚韧不拔等品质。此外,由于松树千年不凋,人们又用它象征长寿。竹子在中国文化中深受文人喜爱,有不少文人墨客借其来描写高洁与坚贞的品质。虽然这三种植物在汉语中有着丰富的文化内涵,但在英语中并不能引起任何联想,只是普通的植物而已。

(四)英语植物词汇独有的文化内涵

同样地,也有一些植物词仅在英语当中有一定的文化内涵。苹果在英语国家深受人们的喜爱,人们常用苹果来比喻最心爱的人或事物。成语 the apple of one's eye 源自《圣经》,常被用来比喻像爱护眼珠一样爱护最心爱的人或珍贵的东西。apple 在这里就有了"珍贵的、心爱的"文化联想意义。但苹果也有"争端"的意思,这一联想意义源于希腊神话。除此之外,由于棒球在美国是一项十分流行的体育项目,而比赛也是一种"争斗",因此苹果也被赋予了棒球的含义。在英语国家的人们看来,棕榈树有着"胜利、荣誉、优越"的文化联想意义。据说,耶稣受难前胜利进入耶路撒冷时,人们在他前面撒满了棕榈枝来欢迎他,因此,棕榈枝成为了胜利与喜悦的象征。英语国家的人习惯用柠檬来指代讨厌的人,原因是,柠檬味酸,易使人反胃,而讨厌的人也常让人反感,于是柠檬便有了这样的文化内涵。

二、植物词翻译策略

(一)直译

当英汉两种语言中的植物词汇承载着相同或相近的文化内涵时,保留形象直译的翻译方法不仅使源语的文化特色得以完整保留,同时也为译文注入了更为生动、形象的元素。具体而言,保留形象直译在翻译实践中体现了翻译的"信、达、雅"原则。其中,"信"意味着翻译应忠实于原文,不歪曲、不遗漏原文的意思;"达"要求译文表达准确,使目标语读者能够清晰理解;"雅"则指译文语言优美,给读者带来审美上的享受。通过保留形象直译,即能够在保持原文文化特色的基础上,使译文既准确又生动。

例如 peachy cheeks,在英语中,peachy 一词通常用来形容某物具有如桃子般鲜嫩、光滑的质感。在汉语中,"桃腮"一词则用来形容女子脸颊红润、娇艳欲滴。由此可见,英汉两种语言中的"桃"均被赋予了美丽、娇嫩的比喻意义。因此,在翻译时,我们可以直接保留这一形象,将 peachy cheeks 翻译为"桃腮",从而传达出源语的文化内涵。

再如,谚语"Oak may bend but will not break."中,oak 指的是橡树,一种坚韧、耐久的树种。该谚语的意思是,尽管橡树可能会弯曲,但它绝不会折断,象征着坚韧不拔、不屈不挠的精神。在汉语中,橡树同样被赋予了坚韧、耐久的象征意义。因此,在翻译时可以保留这一形象,将这句谚语翻译为"橡树会弯不会断",从而充分传达出源语的文化内涵。

(二)直译加注释

对于那些对西方文化不甚了解的读者来说,直译确实可能带来一些困惑。这是因为很多西方习语和表达方式背后的文化内涵和历史背景,并非通过简单的字面翻译就能完全传达。然而,如果我们能在保留原文的植物形象的同时,进一步解释其文化意义,那么这些习语和表达方式就会变得更加生动和易于理解。例如,as like as two peas in pot 的直译是"锅里的两粒豆",但实际上它用来形容两个人或事物之间极其相似。这个习语源自 17 世纪的英国,当时人们发现同一锅豌豆中的两粒豆子非常相似,于是就用这个形象比喻人与人之间的相似性。因此,译者在翻译时除了直译外,还需要进一步阐述其背后的文化内涵和历史背景,让读者更好地理解和记忆。

(三)舍弃形象意译

当直译某种植物词令译入语读者费解,并且不容易添加注释,转换形象套译又难以操作时,舍弃源语中的植物形象进行意译是一种可行的翻译策略。通过这种方式,可以更好地传达原文的联想意义,使译入语读者更好地理解原文所蕴含的文化内涵和情感色彩。同时,在进行意译时,还需要注意保留原文的含义和信息,避免过度解读或误解原文的意思。例如,"Every bean has its black." 如果直译为"每个豆子都有它的黑色",这会让译入语读者感到困惑,不知道这个句子想要表达的意思。如果我们舍弃源语中的植物形象,将其意译为"凡人各有短处",就可以清晰地传达出原文的意思,即每个人都有自己的缺点和不足。这样的翻译方式既保留了原文的含义,又让译入语读者更容易理解。

第五章

英汉生活习俗翻译的跨文化障碍与对策

随着全球化的推进和跨文化交流的增多,英汉生活习俗翻译在日常生活和商务活动中变得越来越重要。然而,由于英汉文化之间的巨大差异,翻译过程中经常会遇到各种跨文化障碍。翻译人员需要充分了解英汉文化的差异,灵活运用各种翻译技巧,借鉴相关领域的专业知识,加强与目标语读者的沟通,并不断学习和实践。只有这样,才能克服跨文化障碍,实现英汉生活习俗翻译的准确性。

第一节　英汉节日习俗翻译的跨文化障碍与对策

一、节日习俗文化

节日习俗承载着深厚的历史文化积淀,是经过数百年甚至数千年的传承和发展形成的独特传统。节日传统习俗体现了先人的智慧和创造力,成为后人继承和发展的宝贵精神。无论是春节的贴春联、放鞭炮还是中秋的赏月、吃月饼,都是历经数代人传承下来的习俗。

节日习俗文化具有传统性和继承性,随着时代的变迁和社会的发展节日习俗也在不断地发生变化。一些传统的习俗可能会被赋予新的时代内涵,而一些新的习俗也可能会逐渐融入传统的节日文化中。这种变迁与创新既是节日习俗文化生命力的体现,也是其不断适应社会发展所需要的。

二、节日习俗文化翻译策略

(一)节日名称的翻译

西方节日宗教气息浓厚。在翻译西方节日时,意译法是最常用的方法,可以最大限度地呈现节日所蕴含的宗教内涵。例如:

　　Carnival 狂欢节
　　Easter Day 复活节
　　April Fool's Day 愚人节
　　Christmas Festival 圣诞节
　　Ascension(耶稣)升天节

在翻译中国传统节日时,应以传递原文的文化信息为目的,具体处理方式有以下几种。

1. 直译法

直译法,即根据字面含义来翻译的一种方法。直译法是有利于保持原文内容与形式的翻译方式。很多中国节日在翻译时都可使用这一方法。例如:
  建军节 the Army Day
  中秋节 the Mid-autumn Festival
  冬至 Winter Solstice Day
  春节 the Spring Festival/Chinese new year

2. 根据节日习俗特色来译

节日不同,庆祝的方式也有所不同,庆祝方式往往独具特色,有些节日名称的翻译还可以按照习俗特色来处理。例如:
  端午节 The Dragon-Boat Festival
  端午节是为纪念中国伟大爱国诗人屈原而设的,在这一天,人们有吃粽子、赛龙舟的习俗,翻译时可以根据这一习俗特色来译。
  中秋节 the Moon Festival
  在中秋节,一家人聚集在一起,赏月、吃月饼,寓意团团圆圆。根据该习俗特色,中秋节可译为 the Moon Festival。

3. 根据农历时间换算来译

中国是农业大国,一系列的农业生产活动对很多中国节日都产生了影响。在中国,很多节日的名称是根据农历时间换算而来的,翻译时可考虑这一因素,进行相应的转换。例如:
  七夕节 the Double Seventh Festival
  七夕节即农历的七月初七,相传是为了纪念牛郎和织女的爱情故事。按农历时间,可以将七夕节如此翻译。

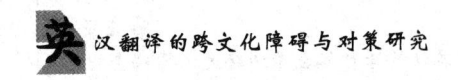

(二) 节日文化词的翻译

对西方节日文化词的翻译，一般使用以意译为主、直译为辅的方法来处理。

下面列举一些西方节日文化词翻译的例子：

  pumpkin pie 南瓜派

  Santa's hat 圣诞帽

  Christmas stocking 圣诞袜

  Easter eggs 复活节彩蛋

中国节日文化词的英译则可以采用如下几种方法。

1. 直译法

在翻译一些易于理解的中国节日文化词时，一般可用直译法，这可以更好地保留原文的形式和内容，体现出地道的源语文化。例如：

  庙会 Temple Fairs

  灯会 Lantern Festival

  舞狮 Lion Dancing

  腊八粥 Laba porridge

  冬至饭 winter solstice dinner

  春联 Spring Festival Couplets

  耍龙灯 Dragon Lantern Dancing

2. 意译法

有些中国节日文化词蕴藏着特殊的文化含义，如果使用直译法，读者可能难以理解，这时可采用意译法，从而更好地再现节日的文化内涵，以忠实于原文。例如：

  粽子 sticky rice dumplings

  守岁 waking up on New Year

  门神财神 pictures of the god of doors and wealth

翻译是为文化交流与传播服务的，翻译节日文化时，译者应结合具体的情况灵活使用方法,从而更好地传递节日文化的内涵,使节日文化得以有效传播。

第二节　英汉饮食习惯翻译的跨文化障碍与对策

一、饮食文化

名扬四海的中国美食无疑是我国民族文化中璀璨的一颗明珠。它不仅意味着种种食物,更是一种融合了中华民族丰富食源、独特饮食加工技艺、深厚饮食美学和饮食民俗的文化载体。随着全球化进程的加速,中国美食越来越受到世界各地的认可和赞誉,被誉为世界文化的瑰宝。

中国的不同社会阶层都有自身的饮食文化,包括宫廷、贵族、市井和百姓的饮食文化。以下是对这四种饮食文化的简述:

宫廷饮食文化体现了封建帝王的统治思想和权威。其特点包括选料严格、用料精细,烹饪过程精细烦琐,花色品种繁多。宫廷饮食不仅满足帝王的口腹之欲,更是展示其权力和地位的一种方式。

贵族饮食文化虽不及宫廷饮食铺张奢侈,但也注重菜肴的精美和独特性。以孔府菜和谭家菜为代表,这些菜肴风味独特、营养丰富,反映了贵族阶层的审美和饮食追求。

市井饮食文化随着城市贸易的发展而兴起,具有技法多样、品种繁多的特点。市井饮食以满足广大市民和商贾的需求为主,注重实用性和大众化,其中的各种小吃和快餐因其方便快捷而深受欢迎。

百姓饮食文化是中国饮食文化的渊源,以取材方便、随意和制作方法简单易行为特点。民间菜肴的味道适口、价格实惠、朴实无华,注重满足人生理需求。不同地区的民间菜肴因地域差异而呈现出丰富多样的口味和特色。

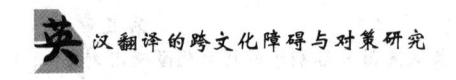

二、饮食文化翻译策略

（一）尊重文化差异性

在全球化的大背景下，不同饮食文化间的交流变得日益频繁，翻译人员在这一过程中扮演着举足轻重的角色。他们在翻译饮食文化时，不仅要传达食物的味道、口感和烹饪方法，更要尊重并体现其中蕴含的文化差异和习俗差异。这种尊重不仅是对原文的尊重，更是对源语文化、源语国家人民的尊重。

每个国家、每个地区都有独特的饮食文化习俗，与地理位置、气候、历史背景等因素有关。中国有"十里不同风，百里不同俗"的说法，即使在同一个国家内部，不同地区的饮食文化和习俗也存在明显差异。例如，东北人偏爱炖菜，其独特的烹饪方式和口感反映了东北地区寒冷的气候和丰富的食材；四川人钟爱麻辣风味的菜肴，这与四川地区湿润的气候和辣椒的种植有密切关系。

当翻译人员面对这些具有鲜明地域特色的饮食文化时，他们不仅要了解这些菜肴的制作方法、口感和风味，更要深入了解其背后的文化故事和历史背景。只有这样，他们才能准确地传达出这些菜肴所蕴含的文化内涵，让目标语读者能够真正感受到其独特魅力。

（二）写实型——直译

"写实"，顾名思义，重在"实"，因此"写实型"主要是指以菜肴的原料命名，能够直观地反映菜品的原料、刀工及其烹饪方法。以冬奥会为运动员提供的菜谱为例，写实型菜肴比比皆是。例如，荔枝鸡片翻译为 Sliced Chicken with Litchi Source，此类写实型菜肴中并没有包含文化信息，因此我们在翻译时应该遵循直译原则，简单明了地传递给外国运动员菜肴的主要信息，便于理解。

2008年，北京市人民政府办公室和北京市旅游局联合编撰出台的《中文菜单的英文译法》一书中，涵盖了1500多种常见中国菜肴的翻译，也对此类写实型菜肴的英译给出了参考，主要体现为以下两种形式。

第一，菜名组合为原料+辅料。例如，冬奥菜谱中的玉米排骨汤（Pork Ribs and Corn Soup）、冰梅凉瓜（Bitter Melon in Plum Sauce）、茄汁巴沙鱼（Basa Fillets with Tomato Sauce）。

第二，菜名组合为烹调方法/刀工+主料（形状）+（with/in）味汁。例如番茄烩牛腩（Stewed Beef Brisket with Tomato）、青椒炒牛肉（Sauteed Beef with Bell Pepper）。

（三）写意型——意译为主+直译为辅

据史学家研究，中国菜名重在"雅"字，为了展示文化蕴含，中餐菜品的命名在不断追求"意美"这一境界，极富浪漫主义色彩，颇有古风诗韵，如"蚂蚁上树""凤凰展翅""七星伴月""黑白分明"等。在饮食文化的交流中，中西方菜名的差异颇为戏剧化。分析其根本原因，不难发现，菜品命名的差异直观体现出语言文化的差异。中国菜名本身就是艺术，多为意象、比喻形式的体现，有时由于地域文化的历史传承，菜名甚至融入当地的民间传说、典故、习俗等等。如此命名的目的不仅在于命名，更是在于文化渲染、文化传播、文化传承，以体现寓意、寄托情感、弘扬历史、增强感染力。

基于本国文化熏陶，中国本土居民理解起来并不困难，但是由于中西饮食文化的差异，西方人难以意会。西方人注重简单、明了、实在，菜名只需要体现菜的原料和做法，更多颇为直接，其目的在于直观、理性地表达。因而，在翻译此类写意型菜肴时，应遵循"意译为主，直译为辅"的原则，可以舍弃菜名中与本质信息传递无关的信息，直接指出菜肴的主料、配料和烹饪方法等基本信息。重视菜肴名的信息传递功能，以实代虚，化繁为简，简明扼要地译出菜肴的主料及做法，为外国人提供准确的菜肴信息，避免"虚"而不"实"。

以冬奥会菜谱之一"红烧狮子头"为例，红烧狮子头为扬州名菜，起于隋朝，盛于唐朝。前身是隋炀帝命御厨特制菜肴"葵花斩肉"。唐朝时，人们觉得用巨大肉丸做成的葵花形菜肴宛如雄狮头颅，威武霸气，寓意盛唐国泰民安，也对应唐朝将军的狮子帅印，寓意戎马一生，所向披靡，因此从唐朝起，此菜改名为"狮子头"。官方将其译为 Stewed Pork Ball in Brown Sauce，准确简明地将狮子头的主要用料、做法及酱汁译出，这样才能让外国人一目了然，摆脱了原文内容的束缚。反之，若将其译为

Braised Loin's Heads,恐怕不仅不会吸引外国宾客,还会起到反作用,令其感到害怕。因为狮子在外国人眼中是百兽之王,狮子的头更是不可食用的。所以在翻译写意类菜肴时,译者还需充分考虑到中外文化的差异性,尽量做到翻译出菜肴的实质性内容。

(四)典故型——直译+解释性翻译

中国诸多菜肴的名称中融入了历史人名或者历史典故,其目的多为表达赞扬或是缅怀纪念,能直观地体现历史,让人们在品尝菜肴的同时对文化历史留下深刻的印象。例如,"东坡肉"为 Dongpo Pork,其为北宋元祐年间,诗词大能苏东坡先生在杭州任职,治水有功,将肉工整切块后炖煮至香酥软烂,设宴与百姓同乐。百姓为纪念苏东坡,将此肉命名为"东坡肉"并流传至今。据调查可知,外国人在冬奥会期间最喜爱的菜肴为"宫保鸡丁",宫保鸡丁是由清朝名士丁宝桢所创,丁宝桢闲暇之时喜欢研究菜肴,将辣椒、花生、鸡丁爆炒后创造此菜。

丁宝桢在担任四川总督时,为人刚正不阿,为官清廉,多建功勋。皇帝对其授予封号"太子太保"。宫保鸡丁的名字由此得来,一方百姓为了纪念一代名人为一方土地带来的恩泽,就将此丁家私房菜发扬光大。官方给出的译文为 Kung Pao Chicken (spiced diced chicken with cashew),也是直接翻译出"宫保"二字,然后稍加注解,因此在翻译此类典故型菜肴时,一般采取直译+稍加注解的方法。但是由于此类菜名往往承载较多的文化信息,所以在翻译的过程中难免会出现文化要素流失现象;因此,有学者提出,可以在加注时,对菜肴的典故稍加说明,这样一方面能够让国外友人更加了解菜名背后的故事,给他们留下更加深刻的印象,另一方面还能促进饮食文化的交流。

(五)地方风味型——直译+突出地方名

华夏地大物博,美食大致分为八大菜系,为了体现各地特色,在菜名中融入地理信息的情况也屡见不鲜。例如,"西湖醋鱼"为 West Lake Fish in Vinegar Sauce。杭州西湖盛产草鱼,且由于西湖水质优良,其草鱼肉质鲜美。将"西湖"加入菜名使得菜肴获得了更高的评价,并且直观展示来源,增强地域自豪感,传播地域饮食文化。

在冬奥会菜谱中,此类地方风味型菜肴也比比皆是,如北京烤鸭（Beijing Roast Duck）直接采用"地名+原料/加工方法"的译法,即将地名与菜肴主料相结合。又如,四川辣子鸡（Spicy Chicken, Sichuan Style）、北京炸酱面（Noodles with Soy Bean Paste, Beijing Style）,则是直接采用了"原料/加工方法+地名汉拼音+Style"的加后缀形式。

（六）寓意型——意译+注释

在中国,很多事物或其特征都被赋予了衍生自原本名称的寓意,如红豆代表相思,青、绿、翠代表生机、希望、美好,鲤鱼代表祝福或高升,金和玉往往寓意财气或良缘。这在传统饮食文化中也体现得淋漓尽致。例如,"翡翠白玉盅"（白菜豆腐汤）寓意平平淡淡、和和美美,"鲤跃龙门"（糖醋鲤鱼）寓意金榜题名或步步高升。在翻译此类极具文化寓意的菜肴时,我们仅需要遵循意译的原则,将材料和主要烹饪方法展示给外宾即可。但是有很多学者表示,这样的翻译没能实现信息传递的功能对等,因此可以在菜名后面稍加注释,简要介绍,让外宾了解菜肴的言外之意。

以冬奥会的菜肴之一"四喜丸子"为例。四喜丸子为中国鲁菜的代表之一,四喜丸子对应中国自古公认人生四大可喜之事,分别是：久旱逢甘霖、洞房花烛夜、金榜题名时、他乡遇故知。此外,在每年年末,新春团圆之时,更是少不了四喜丸子,餐桌上的四喜丸子包含了人们对辞旧迎新,来年春回大地、四时吉祥的美好愿景。官方将其译为 Braised Pork Meatballs in Gravy Sauce 也是遵循了这一原则,直截了当地指出此菜的烹饪方式、主要材料和酱汁,让外宾能一目了然。当然,翻译还需要在做到"信、达"的基础上,再去进一步去追求"雅"。首先要准确地传达菜肴基本信息,然后可在其后稍作注释,体现出中华菜肴名称的雅致之意。例如：

老少平安 Steamed Bean Curd and Minced Fish（the whole family is well）

佛跳墙 "Fotiaoqiang—the Buddha jumped the wall for luring by its smell（assorted meat and vegetables cooked in embers）"

(七)极具中国文化特色型——音译

冬奥会期间,爱吃韭菜合子的中国选手谷爱凌,也因边吃韭菜合子边等成绩登上了热搜,外媒也对中华美食之魅力充满了好奇,笔者经调查发现,GLOBAL TIMES 在对此报道时,将韭菜合子译为 Jiucai Hezi, traditional Chinese snack, a pan-fried dumpling filled with chives and vermicelli noodles,直接采用了音译+注释法,用汉语拼音译出韭菜合子,再对其进行解释——中国的传统小吃,原料为韭菜和粉丝的煎饺子。再如,比赛期间的"豆包小姐姐"马耳他运动员珍妮斯·斯皮泰吃豆包走红,马耳他驻华大使卓嘉鹰(John Aquilina)在接受采访时更是表示,许多马耳他人因为斯皮泰而知道了什么是豆包。在视频采访中,大使先生直接把豆包的英文名称翻译为了汉语拼音 doubao。这样的翻译更有利于跨文化交流,就像提到"三明治",大家都知道是 sandwich,提到汉堡,大家都知道是 hamburger,直接音译中华美食 doubao、Jiucai Hezi,能更加直接、有效地传递菜肴的文化信息,也更能体现出我们对中华美食的文化自信。

第三节 英汉服装纹饰翻译的跨文化障碍与对策

一、服装纹饰文化

服装纹饰是人类所特有的劳动成果,它既是物质文明的产物,也是精神文明的结晶。人类经历了由愚昧、野蛮到文明的复杂过程,而在这一过程中,服饰成为一个标志。从早期的兽皮、树叶到麻布、丝绸再到化纤材料,服饰纹饰的历史是人类历史不可或缺的一部分。服装纹饰与特定的文化、历史和社会背景紧密相连。在翻译时应保持这些特色,以便目标语读者了解和欣赏源文化的独特性。例如,某些传统图案或符号具有深厚的文化寓意,在翻译时应适当地解释。纹饰的设计传达了某种寓意、象征或某个故事,在翻译时需要确保这些内容在目标语中得到准确的传达。译者需要采用一些解释性的翻译策略,帮助目标语读者理解纹饰背后的深层含义。

二、服装纹饰文化翻译策略

(一)保留文化意象法

为确保译文的忠实性,对等翻译是一种常用方法。英汉两种语言虽然属于不同的语系,但仍然存在着共通之处。两种语言在交流中可以找到能够相互替换的、相同含义的词汇。保留文化意象法指的是在译入语中找到不少相似且可以替换的词,进而可以采用直接对等的翻译手法,但是要注意文化因素的影响,从文化角度来处理原文。下面以苗族的服饰为例来分析。

"女子盛装百鸟衣"对应的英文为 Women's holiday costume hundred-bird coat。百鸟衣是苗族一个支系的服饰,来源于该支系苗族人对鸟的崇拜他们自称"嘎闹",是上古蚩尤氏族中以鸟为图腾的"羽族"之一。当地人衣服上绣着各种鸟形鸟纹,再加上衣服飘带缀着白色羽毛,这种衣服被当地人称作"百鸟衣"。文化翻译观指出,翻译应该把文化意象作为翻译的基本单位,而不是停留在以往的语篇之上。"百鸟"二字具有对等的英文表达,可以采取直译的方法,利用连字符"-"将 hundred 和 bird 连接起来修饰 coat。但该译文存在不足,"百鸟衣"是属于苗族服饰文化特有的意象,译文中应该增译 of Miao nationality,向读者传达"百鸟衣"是苗族的服饰这一文化特点。综上,"女子盛装百鸟衣"建议译为 Women's holiday costume hundred-bird coat of Miao nationality。

"百褶裙"对应的英文为 pleated skirt。"百褶裙"是苗族服饰中常见的女子下装,在英语中也有词语对应,因此将其直译为 pleated skirt 是合理的。

"蜡染围腰"对应的英文为 wax-printed apron。根据词典,"蜡染"在英语中可找到固定译文,可译为 batik(a method of printing patterns on using cloth)或直译为 wax-printing。"围腰"作为苗族女子盛装的重要饰品,主要用于装饰上半身。此处将"围腰"译为 apron(a piece of clothing worn over the front of the body, from the chest or the waist down, and tied around the waist)是合理的。

"凤纹银冠"对应的英文为 silver crown with phoenix pattern。"凤纹

银冠"为贵州苗族少女盛装头饰。银冠亦称凤冠,帽体由银丝编结而成,纯银制。"凤纹银冠"可以在英语中找到含义上对等的词,因此《中国苗族服饰图志》中将其直译为 silver crown with phoenix pattern 是合理的。

(二)替换文化意象法

在巴斯奈特文化翻译观[①]视角下,译者不能直接从译语中找到对等表达时,应当遵循发挥主观能动性的原则。贵州苗族服饰中包含了众多文化负载词,它们当中有些词可以采用直译的方式,但还有一些词没有固定的译法。此外,在翻译的过程中,译者即便能够将单个词对等翻译出来,也不能确保准确传递文化内涵,原因在于不同文化背景下的受众往往倾向于以自己已有的观念来理解译文。仍旧以苗族服饰来论述,在翻译贵州苗族服饰文化词汇时,基于对这些表达中文化内涵的理解,译者可以采取音译加注等处理方法,在译文中替换原文中的文化意象,达成文化上的等值。

"牯脏衣"对应的英文为 Guzang costume。贵州榕江月亮山地区苗族的"百鸟衣",原为古代祭祀时穿芦笙衣时穿戴,现作节日盛装衣饰,亦称为牯脏衣。衣饰宽大,无领对襟,前胸和后背刺绣鸟、龙、蝶等纹样,下缀有百鸡羽毛,色彩古朴斑斓,绣饰粗犷,显示出苗族古代巫文化的传统观念。《中国苗族服饰图志》一书中将"牯脏衣"译为 Guzhang costume,虽然传达了原文的表面含义,但忽视了其背后的文化内涵,没有达到文化交流的效果。结合"牯脏衣"的文化背景,此处可以采取音译加注的方法,建议修改为 Guzang costume(dressed at the time of sacrifice in ancient times)。

"无领右衽上衣"对应的英文为 collar-less right-buttoned jacket。"无领"一词在英语中有现成表达,不需使用连字符"-"。所以,此处可将连字符"-"去掉,直接译成 collarless。根据字典,衽,本义衣襟。左前襟掩向右腋系带,将右襟掩覆于内,称右衽。因此,《中国苗族服饰图志》中将"右衽"译为 right-buttoned 是合理的。"无领右衽上衣"的译文建议修改成 collarless right-buttoned jacket。

"刺绣麒麟纹云肩"对应的英文为 embroidered shoulder with unicorn pattern。中国云肩亦称披肩,它与霞帔等同属一个系统的概念,均为披搭

---

① BASANET, SUSAN, ANDRE LEFEVERE. Tranalation History and Cultur[M]. New York: Pinte Publishe,1990:4.

在领肩部位的服饰。《中国苗族服饰图志》中将"云肩"译为 shoulder。根据词典，shoulder 的英文释义为 the part of a piece of clothing that covers the shoulder，中文意思为"（衣服的）肩部"。由此可知，此处将"云肩"译为 shoulder 是不准确的。因此，根据"云肩是搭在领肩部位的服饰"这一含义，建议将"云肩"译为 shoulder adornment。

"刺绣上轿衣"对应的英文为 embroidered wedding costume。贵州省安顺市黑石头寨苗族服饰中，女子盛装上衣称为上轿衣，喜事时穿戴，布料为缎子和彩色蜡染布两种。"上轿"一词是典型的中国传统词，为文化负载词。书中在处理这一译文时，考虑到了"上轿衣"的文化内涵，将其译为 wedding costume，体现了该服饰的文化特征，使英语读者能够获知其中的文化含义。

（三）异化注释法

异化注释法是一种将英文直译与英文注释相结合的翻译方法，旨在确保信息在跨文化传播中的准确性和完整性。这种方法特别适用于那些具有独特文化背景和特定含义的词汇或短语。通过直译与注释的结合，我们不仅能够传达词汇的字面意义，还能够揭示其背后的文化内涵和特殊功能。以藏族传统服饰中的"长袖"为例，这一词若仅直译为 long sleeves，则可能使目的语受众产生误解，将其与日常生活中常见的长袖服饰等同起来。然而，藏族服饰的长袖实际上具有更多的长度，这是由藏族人民所处的寒冷生态环境所决定的。因此，在翻译时，我们需要在译文中添加适当的注释，以明确两者之间的差异。例如，long sleeves but which is much longer than our usual size for protecting against the cold。这样的翻译不仅准确传达了"长袖"的字面意义，还揭示了其在藏族服饰中的特殊功能和形成原因。

同样地，异化注释法也适用于其他具有特定文化背景的词汇或短语。例如，"穿腰束腰"这一词，在藏族服饰中指的是一种特殊的穿衣方式。若仅直译为 waistband，则无法准确传达其文化内涵。因此，我们可以采用异化注释法，将其翻译为 upper garments with pieced fronts，并在注释中解释其特殊的穿衣方式和文化意义。

此外，对于"凤凰王冠"和"品官朝冠"等具有特定历史和文化背景的词汇，异化注释法同样适用。例如，"凤凰王冠"可翻译为 phoenix cornet for a woman of noble rank，并在注释中解释其在古代中国宫廷文化中的地位和象征意义。同样地，"品官朝冠"可翻译为 official's court hat with different top decoration and feather streamer diversified according to the rank，并在注释中阐述其体现的中国古代官制中的等级制度和礼仪规范。

（四）音译法

音译法的魅力在于其独特的传达方式。通过采用与原文发音相近的词语，音译法不仅传达了原文的字面意义，还在某种程度上展现了原文的音韵之美。这种方法特别适用于那些富含文化内涵、具有特定发音特征的词汇，如人名、地名等。例如，在英语中，Nike 这个单词在音译为中文时，保留了其原有的发音特点，称为"耐克"，既传达了原词的意义，又赋予了它独特的文化内涵。在音译法的运用中，完全音译法和音译直译法是两种常见的形式。

1. 完全音译法

完全音译法就是使用拼音来对原文进行翻译。例如，深衣是我国战国时期的一种服饰，其特点是长袖、大襟、无扣，以腰带束腰，呈现出一种宽松、舒适的感觉。深衣的设计体现了当时人们对生活的追求，既实用又舒适，深受广大人民的喜爱。深衣在英文中的翻译为 Shenyi，以完全保留其语音提示体现了其在我国服饰文化中的重要地位。

2. 音译直译法

音译直译法，顾名思义，就是用拼音与英文直译的方式进行翻译。这种方式在翻译字数相对多的服饰类型时，能够帮助目的语受众更好地理解和接受我国的服饰文化。例如，将"包头巾"翻译为 Baotou head towels，将"百子图"翻译为 one hundred children to indicate fertility，将"中山服"翻译为 Zhongshan suit 等。这些翻译方式不仅准确传达了原文的含义，同时也让目的语受众更好地理解我国服饰文化的内涵。

第四节　英汉建筑民俗翻译的跨文化障碍与对策

一、建筑民俗文化

建筑不单单指建筑工程,建筑是一个综合的概念,是技术、经济与艺术的综合体。建筑是人创造的,其作用也在于服务与方便人类,所以我国对建筑的要求是实用,坚固与使居住者愉悦。作为经济,技术与艺术的综合体,建筑与景观设计学、人因工程学等有着密切联系。

西方建筑文化涵盖了从古代到现代的多种建筑风格和理念。西方建筑不仅在技术和结构上有所创新,而且在艺术表现和文化象征上也极为丰富。

西方建筑风格随着历史的进程不断演变。从古希腊和罗马的古典建筑到中世纪的罗曼式和哥特式建筑,再到文艺复兴时期的复兴古典风格,以及后来的巴洛克、洛可可、新古典主义、浪漫主义、折中主义、新艺术运动,直至现代主义和后现代主义等,每一种风格都反映了特定时期的文化特点和社会需求。西方建筑文化并非孤立发展,与其他文化有着广泛的交流和互动。例如,通过传教士和殖民活动,西方建筑风格传播到世界各地,如在中国,西方建筑风格与本土建筑元素相结合形成了独特的中西合璧的建筑风格。

随着工业化和现代化的发展,西方建筑文化经历了重大变革。现代主义建筑强调功能主义和简洁线条,摒弃了过多的装饰,追求空间的自由和灵活性。后现代主义在现代主义的基础上重新审视历史和文化传统,探索更加多样化和个性化的建筑表达。因此,西方建筑文化中蕴含着活跃的创新思维和工匠精神。建筑师不断探索新的设计理念和技术,推动建筑艺术的发展。同时,工匠们精湛的技艺也是实现建筑设计理念的关键。

中国建筑文化可以划分为多个类别。

按照地域划分,中国建筑文化可分为北方建筑、南方建筑、西北建筑、西南建筑等。北方建筑以厚重、粗犷为主要特点,如北京的四合院、东北的土坯房;南方建筑以轻盈、细腻为主要特点,如苏州的园林建筑、福建的土楼;西北建筑多受游牧文化影响,以帐篷、毡房等为主要形式;西南建筑多受山地环境影响,以吊脚楼、石板房等为主要形式。

按照历史时期划分,中国建筑文化可分为古代建筑、近代建筑和现代建筑。古代建筑以木构建筑为主,注重空间层次和景观营造,如故宫、颐和园等皇家园林和寺庙建筑;近代建筑受西方建筑思想影响,开始尝试采用新材料、新技术,如上海外滩的西洋建筑群;现代建筑注重功能性和环保性,如"鸟巢""水立方"等体育场馆。

按照建筑类型划分,中国建筑文化可分为宫殿建筑、寺庙建筑、园林建筑、民居建筑等。宫殿建筑以皇家宫殿为代表,注重规模宏大、气势磅礴;寺庙建筑以佛教寺庙为主要形式,注重宗教氛围和神秘感;园林建筑以江南园林为代表,注重景观营造和意境表达;民居建筑以各地传统民居为主要形式,注重实用性和舒适性。

二、建筑民俗文化翻译策略

(一)建筑场景的翻译

依照周围环境、地理空间等的不同,建筑文化场景又可进一步分为室内场景和室外场景。以下就对这两种的翻译分别进行阐述。

1.室内场景的翻译

在我国古典名著《红楼梦》中,就存在着很多关于对我国古典建筑中室内场景的描述。例如:

> 老嬷嬷听了,于是又引黛玉出来,到了东廊三间小正房内。正房炕上横设一张炕桌,桌上磊着书籍茶具,靠东壁面西设着半旧的青缎靠背引枕。王夫人却坐在西边下首,亦是半旧的青缎靠背坐褥。见黛玉来了,便往东让。
>
> (第三回)

At once the nurses conducted Daiyu along the eastern corridor to a small three-roomed suite facing south. On the kang under the window was a low table laden with books and a tea-service.Against the east wall were none too new blue satin back-rest and a bolster. Lady Wang was sitting in the lower place by the west wall on none too new blue cover with a back-rest and a bolster. She invited her niece to take the seat on the east.[1]

《红楼梦》这一古典名著对我国古典建筑的生动刻画描写将我国的古代建筑文化以最佳的文字彰显出来了。本例在进行翻译的过程中,将"东廊三间小正房"译为 a small three-roomed suite facing south,将"桌上磊着书籍茶具"译为 a low table laden with books and a tea-service,译文中对这些场景的传译可以说细致入微。

2.室外场景的翻译

在中国,古典建筑中的园林是一大特色,所以对园林的翻译对于中国传统文化的传播意义重大。以下摘取了一些室外园林场景的翻译。例如:

说毕,往前一望,见白石崚嶒,或如猛兽,纵横拱立。上面苔藓成斑,藤萝掩映,其中微露羊肠小径。贾政道:"我们就从此小径游去,回来由那一边出去,方可遍览。"

(曹雪芹《红楼梦》第十七回)

On the miniature mountain they saw rugged white rocks resembling monsters and beasts.some recumbent, some rampant, dappled with moss or hung about with creepers, a narrow zigzag path just discernible between them. "We'll follow this path." decided Jia Zheng. "Coming back we can find our way out at the other side. That should take us over whole grounds."[2]

园林的特色可以说是我国建筑文化所独有的,在对这些内容进行翻译时,大多采取意译的方法,灵活处理。

---

[1] 曹雪芹,高鹗. A Dream of Red Mansions[M]. 杨宪益,戴乃迭,译. 北京:外文出版社,2001:33.
[2] 曹雪芹,高鹗. A Dream of Red Mansions[M]. 杨宪益,戴乃迭,译. 北京:外文出版社,2001:226.

(二)建筑类名与专名的翻译

在我国一些世界闻名的古城中存在着各式各样的古典建筑,并且有很多学者对这些建筑名称的翻译进行了研究。下面就结合一些比较典型的例子进行具体分析。

庵 an(convent/nunnery)

亭 kiosk

清真寺 mosque

陵墓 mausoleum

碑铭 inscription

宝塔 pagoda

壁柱 pilaster

回廊 cloister

岳阳楼 Yueyang Tower

颐和园 the Summer Palace

四合院 quadruple courtyards/courtyard houses

神龛 Buddhist shrine

水榭 waterside pavilion

故宫 the Imperial Palace

天安门广场 Tiananmen Square

华表 huabiao/Ornamental Pillars(Chinese cloud pillars)

滕王阁 Tengwangge Pavilion/the Prince Teng Pavilion

石雕 stone carving

木雕 wood carving

园林 gardens and parks

浮山寺 Fushan Temple

墓碑 gravestone/tombstone

圆明园 the Yuanming Palace

紫禁城 the Forbidden City

长城 the Great Wall

胡同 hutong(bystreet)

丹霞观 Danxia Monastery

假山 rockery/rockwork
龙门石窟 Longmen Grottoes
古家祠 Gu's ancestral Temple
文峰塔 Wenfeng tower（the tower of education）
塔林 pagoda forest
乾清宫 the Palace of Heavenly Purity
坤宁宫 the Palace of Earthly Tranquility
长春宫 the Palace of Eternal Spring
养心殿 the Hall of Mental Cultivation

对于这些建筑的名称在进行翻译时，通常采用的都是约定俗成的翻译方法。

(三) 其他相关的翻译方法

1. 直译法

对于一些描述类的建筑文本，可以采取直译法进行翻译。例如：

北京宫殿又称"紫禁城"，呈南北纵长的矩形，城墙内外包砖，四面各开一门，四角各有一曲尺平面的角楼，外绕称为"筒子河"的护城河。若延伸紫禁城的中轴线，向南有直出皇城近抵北京内城正门正阳门的前导空间，向北有作为紫禁城背景的景山为后续收束。

Beijing Palace, also known as "the Forbidden City", showed a rectangle with a north-south longitudinal length. City walls covered by bricks, pierced by a gate on the four sides and decorated by a flat turret in the four comers are surrounded by a moat called "Tongzihe River". An extension of the central axis of the Forbidden City to south could straight out the Imperial City and reach the leading space of the main gate of inner Beijing City—Zhengyangmen, while to north could reach the Jingshan Mountain which was the background of the Forbidden City.①

本例原文的表述中存在着很多建筑学术语。例如,"呈南北纵长的矩形""一曲尺平面的角楼"等,将其译为 showed a rectangle with a north-south longitudinal length 和 pierced by a gate on the four sides and decorated by a flat turret in the four comers。在运用直译法对这些建筑学术语进行翻译时,客观、真实地传递了其文化内涵。

2.直译加意译

有时采取直译法不能很确切地反映原文的意思,此时就需要打破原文表达的局限,采取意译法进行解释翻译。例如:

祈年殿 the Hall of Prayers for Good Harvests

奎文阁 Tower of the Constellation of Scholars

对这两个建筑的翻译做到了直译和意译的有机结合。

---

① 李琳琳,丛丽.基于文化翻译理论的中国建筑文化翻译策略探究[J].长春教育学院学报,2015(20):68-69.

第六章

英汉翻译与中华优秀传统文化传播

　　中华优秀传统文化博大精深，包含诗词歌赋、书法绘画、传统音乐、舞蹈表演等诸多领域。中华优秀传统文化作为中华民族宝贵的精神产物，需要通过翻译这一媒介更广泛地传播至全球各个角落。英汉翻译并不仅仅是简单的语言转换，更是一次深刻的文化交流。译者在进行翻译时需要深入探索源语国家的文化根基、历史脉络以及社会习俗，确保原文的意蕴和风格得以完整传达。通过英汉翻译，中华优秀传统文化能够跨越语言的障碍，与全球的文化爱好者共享，进一步推动文化间的交流与融合。因此，应该充分利用这一工具，让中华文化的瑰宝在全球范围内绽放光彩，为受众发展世界的文化多样性贡献力量。

第一节　中华优秀传统文化的内容精髓与价值意蕴

一、中华优秀传统文化的内容精髓

(一)源远流长的语言文字

文字与语言在人类文化中占据关键地位,是文化的核心要素。汉字与中华文化联系紧密,对文化的继承、弘扬和发展有显著贡献。汉语作为多民族国家中国的官方语言,具有深厚历史底蕴,其词汇、语音、语法等关键要素在时间长河中实现了阶段性变革与发展。文字是汉语真正的实体,能清晰记录文义。

1. 汉字凝结厚重历史和光辉思想

汉字起源可溯至新石器时代,商代甲骨文已成熟。汉字不仅记录历史,还承载中华优秀传统文化思想。例如,"信"字构造揭示言行相符的理念,"仁"字强调人与人之间的基石是仁爱。

2. 汉字饱含丰富的情感

汉字历经数千年发展,文人学士向其投射深厚情感。如"青"字有生命、东方、春天等文化象征,展现人类对永恒生命的美好追求。

3. 汉字具有优雅的形体

汉字构形魅力得益于其流动、线条的特质,简洁笔触展现丰富物象。如篆书作为汉字的一种形式,展现简约纯粹的美感。汉字作为古老的文字之一,承载着中华民族悠久的历史和文化。中国书法作为汉字的艺术表现形式,展现汉字的神韵。在全球化推进下,汉字文化的传播范围扩大,外宣翻译工作面临挑战。

(二)丰富多彩的文学艺术

中华民族在文学艺术领域取得辉煌成就,为世界所赞叹。古代中国艺术领域各分支成就不均等,诗文居首,绘画、书法次之,建筑、雕塑等随后。以下探讨中国传统艺术关键领域。

1. 文学

以词为例,它在中国传统文学中的历史有逾 1500 年,分初创、词盛、理论文兴及词与理论文并进四时代。此外,各式文学形态相继独领文坛,构成震撼长卷,如一般认为唐文学以诗歌为核心,故有南宋学者认为词为诗"余"。

2. 书法

书法代表中国文字的独特韵味,反映个体美学追求及对宇宙美的体察。分篆、隶、楷、草、行五大风格。书法与中华文化追求的"道"相连,也源于对自然的领悟。佳作如《兰亭集序》与《祭侄文稿》是其代表。

3. 绘画

中国绘画源于上古彩陶及青铜纹饰,与书法紧密关联。形成宫廷、文人、宗教、市民和民间五大流派,秉承其一定共通性的美学理念。一般采用散点透视法,追求形神结合,笔法、色调与墨色相辅相成。

4. 建筑

古代中国建筑多基于木材,整体布局注重有机整合。美学家认为其特质源于中华民族"实践理性"的思维方式,融入独特文化气质和哲学内涵,与西方建筑风格迥异。

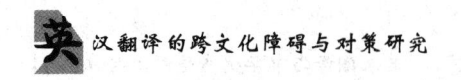

5. 音乐

古代中国文化中,礼乐文化体现和谐价值观,六律与五音为音乐基础。孔子对乐的热爱与研究展现其重要性,他对《韶》与《武》的评价体现古代对乐的审美标准。

(三)开近代文明先河的科学技术

在天文学、地学、数学、生物学及医学等领域,古代中国科学技术领先世界。特色历法、地动仪及《本草纲目》等展现了中华创新能力。公元前200年后的2000年间,中国对西方的影响远超从西方所获。特别是"四大发明"的西传,对近代文明有革命性推动。

公元105年,蔡伦发明以植物纤维为主的轻质纸张,称"蔡侯纸",逐渐替代竹简与帛书。公元7世纪,中国创雕版印刷术,11世纪中叶毕昇发明胶泥活字印刷术,13世纪传至欧洲,推动西方文明发展。

火药起源于唐代,初用于医学和炼丹术,后用于军事。宋代火药技术进一步发展,霹雳炮等军械广泛应用。13世纪蒙古国传播火药至阿拉伯帝国,后传入欧洲,引发战争策略变革,加速贵族衰退,为资产阶级崛起铺路。

战国时代中国人创制原始指南针"司南",北宋时广泛用于航海。12世纪阿拉伯商贾掌握此技术,后传入欧洲。

中国古代技术成就以"四大发明"为核心,为全球进步奠定基石,引领近代文明发展。

二、中华优秀传统文化的价值意蕴

(一)道德思想的价值

在中华优秀传统文化中,可以深挖其所孕育的深厚道德资源。例如,儒家学说强调的向善思想、仁爱思想、义利思想,以及对修身思想的注重,都是中华优秀传统文化中的精髓所在。在历史长河中,具历史进步性的儒家伦理观念对中华民族的持续繁荣起到了不可或缺的作用,在当下对于塑造社会主义核心价值观与引导主流思想,仍具有深远的意义与应用价值。

1.向善思想的价值

自古以来,人性善与恶是哲学领域的核心议题,也是伦理道德体系构建的根本出发点。我国古籍《三字经》秉承儒家伦理,指出"人之初,性本善",认为人刚出生时本性善良。[1]

在中华古代文化中,儒家对人性议题有深入探讨。孔子提出"性相近也,习相远也"[2],孟子深化此观点,强调人天生具有恻隐、羞恶、恭敬和是非之心,即仁义礼智四端,且每个人都有向善的潜能。[3]荀子则提出人性恶的哲学论述,认为人的欲望若未得到适当引导,易导致社会冲突。[4]他强调真正的善是通过后天努力培养形成的。

后世思想家如韩愈、李翱等继续对人性善恶进行辨析,提出了不同观点。李翱的"复性"理念强调人应追寻至诚。宋代儒家进一步完善人性理论,提出"天理至善"等观点。

儒家思想强调"性本善",对中华民族精神和道德伦理建构产生深远影响。向善的观点基于人的本性向善、利益的诱引和惩戒机制等要素而发。经典论述如孟子的"君子莫大乎与人为善"等,揭示了善的深刻内涵,对华人形成善行为常态产生深远影响。

2.仁爱思想的价值

在中华优秀传统文化中,"仁爱"一词不仅具有深厚的历史背景,而且代表着一个核心的价值观念。在儒家思想中,"仁爱"被赋予了至高无上的地位,它起始于每个人对于亲人的真挚情感,具体表现为对父母的孝敬和对其他长辈的尊重,这种情感不仅停留在家族关系的界限内,更是扩展至更广阔的社会领域,从关爱身边之人逐渐延伸至对所有人的关怀,乃至

---

[1] 王应麟,书香童年.三字经[M].福州:福建少年儿童出版社,2012:2.
[2] 孔子,景菲.论语[M].西安:三秦出版社,2018:131.
[3] 孟子.孟子[M].哈尔滨:北方文艺出版社,2019:52.
[4] 荀子,曹芳.荀子[M].北京:万卷出版公司,2020:25.

对大自然中山水、动植物生发深厚情感。

随着历代的传承和深化,儒家对"仁"的理解也日益丰富。在广义上,融合了"五常"——仁、义、礼、智、信,而狭义上的"仁"仅为五常中的一环。此外,仁爱的精神也融入了"孝悌忠信,礼义廉耻"的四维八德基本原则中。把仁爱视为道德的高尚境界,对于社会的进步具有至关重要的推动作用。秉持并传承这一仁爱的优良传统,能够更好地实践社会主义核心价值观,进而塑造和谐的社会环境。

3. 义利思想的价值

在儒家思想体系中,义利之间的关系成为重要论题。孔子指出:"富与贵,是人之所欲也,不以其道得之,不处也;贫与贱,是人之所恶也,不以其道得之,不去也。"[①]这一观点可解读为"君子爱财,取之有道"。荀子进一步论述:"义与利者,人之所享有也。"暗示道义和利益皆为人之所需,他进一步补充:"好利而恶害,是人之所生而有也。"意味着追求利益和回避伤害是人之常情。[②]这些观点均强调了儒家视义与利为和谐统一的两面。随着儒学的不断发展,其对于义利统一性的看法也得到了丰富与演进。董仲舒明确提出:"天之生人也,使之生义与利。"[③]强调二者在宇宙客观法则中的同等重要性。在此基础上,叶适、黄宗羲等后代儒者沿袭了先秦儒家"义利兼顾"的理念,更为深入地探讨了义利的和谐共存。

(二)政治思想的价值

儒家政治思想展现了深厚的学术内涵,涵盖了如民本思想、仁政思想、廉政思想及大同思想等关键议题。在这套思想框架中,"民"被视为基石,"仁"则被赋予中心地位,所追求的理想目标是"大同"与"大一统"。儒家政治哲学不仅将伦理、法律、教育与政治融为一体,而且在政治实践中坚持民本原则,倡导仁政与德治,并强调礼的重要性于治国策略中。

---

① 孔子. 论语[M]. 福州:海峡文艺出版社,2012:7.
② 荀况. 荀子[M]. 南昌:二十一世纪出版社,2015:293.
③ 董仲舒,周琼. 春秋繁露[M]. 呼和浩特:远方出版社,2005:34.

1.民本思想的价值

在中华传统文化的发展史上,民本思想自国家初创便已存在,起源于商周时期,历经漫长的岁月,它始终融入国家的政治进程与制度变迁,起到了至关重要的作用。翻阅儒家古籍,便能察觉民本思想的光辉。例如,孔子在《论语·雍也》中倡导"博施于民而能济众"[1],在《论语·颜渊》中提及"足食"[2],在《论语·子路》中强调"富民"[3];孟子在《孟子·梁惠王上》提出"制民之产"[4],在《孟子·尽心上》中阐述"亲亲而仁民,仁民而爱物"[5];而荀子在《荀子·富国》中指出"下富则上富"[6],在《荀子·大略》中主张"不富无以养民情"[7]。后续世代的儒学思想家与政治家均高度关注民生问题,认为它是实现善治和国家长治久安的基石。

2.仁政思想的价值

在儒家政治思想体系中,"仁"的理念始终居于核心位置,其在政治行为中的表现被称为"仁政"。孔子倡导"为政以德",主张统治者应持有仁爱之心治理国家,以此达到对民众的道德教化。孟子不仅继续弘扬了孔子对"仁"的理解,更进一步将这一思想延伸至经济和文化等领域,形成了一套更为完整的仁政学说。他将人性本善的论点作为其政治理论的基础,主张通过实施体现同情与怜悯的策略来管理国家。孟子提出:"以不忍人之心,行不忍人之政,治天下可运之掌上。"[8]明确指出应当推行对民众持同情与怜悯态度的政策,也即所谓的"不忍人之政"。

(三)教育思想的价值

在儒家思想中,教育、教化天下被视为治理国家的核心要素。作为中

---

[1] 孔子.论语[M].福州:海峡文艺出版社,2012:54.
[2] 孔子.论语[M].福州:海峡文艺出版社,2012:125.
[3] 孔子.论语[M].福州:海峡文艺出版社,2012:133.
[4] 孟子.孟子[M].哈尔滨:北方文艺出版社,2019:21.
[5] 孟子.孟子[M].哈尔滨:北方文艺出版社,2019:268.
[6] 荀况.荀子[M].南昌:二十一世纪出版社,2015:303.
[7] 荀况.荀子[M].南昌:二十一世纪出版社,2015:303.
[8] 孟子.孟子[M].哈尔滨:北方文艺出版社,2019:55.

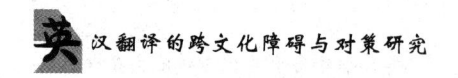

华历史上最杰出的教育思想家,孔子始终强调人口、财富与教育三者对于国家的建设意义,并将其中的教育元素视为"立国"之根本。

1."有教无类"思想的价值

《论语·卫灵公》中的"有教无类"[1]深刻地反映了孔子的教育思想。在孔子的时代,社会正在经历从奴隶制向封建制的转型。在这个历史节点,奴隶制的影子仍然盘旋,教育依然是"学在官府,民间无学"的模式,只有社会上层的贵族有权接受教育。随着时间的推移,社会生产工具和经济结构的变革导致井田制度的瓦解,王权和奴隶主贵族的势力随之衰退。孔子察觉到这一变革,提出"有教无类"的思想,意在通过扩大教育接受者的范围来缓解社会矛盾并稳定治理格局。在此教育观念下,教育的受益者不再受到种姓、贫富或地域的限制,只要有学习的愿望,均可享有受教育的机会。

2.因材施教思想的价值

孔子主张"因材施教",意指针对不同的学生特性采用相应的教育策略。例如,《论语》中所记,子路询问:"闻斯行诸?"孔子回答:"有父兄在,如之何其闻斯行之?"冉有同样提问,孔子答:"闻斯行之。"公西华进一步提出:"子路提出'闻斯行诸'的问题,老师称'有父兄在';而冉有也提问'闻斯行诸',老师答'闻斯行之'。此处所引起的疑惑,敢问何解?"孔子解释称:"冉有因其谦逊之性格而退缩,因此应鼓励之;子路因其好胜过人之性,所以应适当地制衡。"由此,孔子的"求也退,故进之;由也兼人,故退之"[2]揭示了其因应学生性格差异而施教的理念。在教育实践中,这种个性化的教育策略承认了学生的独特性和差异性。

3.尊师重道思想的价值

儒家的核心思想中,尊师重道至关重要。孔子主张"学无常师",尊崇有学识和道德的人,又言"三人行必有我师",表达学习观点与尊师思想。

---

[1] 孔子. 论语 [M]. 福州:海峡文艺出版社,2012:166.
[2] 孔子. 论语 [M]. 福州:海峡文艺出版社,2012:107-111.

此教学哲学为教育行业树立了崇高标准,并获广泛认同。儒家尊师重道思想对后代影响深远,为科教兴国战略和教育强国建设提供思想指引。

第二节 中华优秀传统文化传播与传承的重要意义

在久远的历史当中,传承至今的中华优秀传统文化历经曲折,却仍保留了顽强的生命力,当下仍具有相当的活力。中华民族历史延续至今,文化对其至关重要的作用不言而喻。在历史的发展中,许多的现象都折射出文化的光芒,指引中华民族不断向前,这些文化在现代社会仍具有重大的思想价值。

一、促进中华文明传承发展

中华文化作为中华民族的灵魂,含有历史的瑰宝,也是世界文化宝库中的重要组成部分。它如同一条源远流长的河流,穿越时空,见证了中华民族的发展与变迁,承载着深厚的历史和丰富的内涵。起源于悠久的农耕文明,中华文化在这片肥沃的土地上生根发芽,茁壮成长。农耕文明为中华文化的形成和发展提供了坚实的基础,培养了中华民族勤劳、智慧、务实的精神特质。在这片土地上,我们的祖先不仅创造了丰富的物质文明,更通过世代传承孕育出了璀璨夺目的精神文明。

数千年的历史沉淀使中华文化形成了一套独具特色的价值观和世界观,这些价值观和世界观深深植根于中华民族的文化基因中,体现为对与自然和谐共生的崇尚,对家庭伦理和社会秩序的尊重,以及对道德伦理的追求。这些文化精神不仅塑造了中华民族的性格,也为社会的发展和进步提供了强大的精神动力。在面对外来文化时,中华文化始终保持着积极的态度和明智的选择。通过吸收外来文化的精华,排除其中的糟粕,中华文化实现了与世界文化的交流与融合,不断丰富自身的内涵和外延。这种包容和融合的能力不仅使中华文化更加多元和丰富,也使其在世界文化舞台上更加光彩夺目。

二、提升中华文化软实力

中华优秀传统文化是我国文化软实力的基石,其中所蕴含的丰富文化理念、人文情怀与哲学思想对现在和未来的文化发展具有重要意义。这些宝贵的文化资源不仅为国人提供了独特的文化身份认同,也为文化创新提供了源源不断的灵感。因此,十分有必要对中华优秀传统文化进行深入研究,发掘其当代价值,推动其创新发展。

深入研究中华优秀传统文化的内涵与特点,包括对传统文化中的价值观、道德观、审美观等方面的系统梳理,以及对传统文化中蕴含的哲学思想、人文精神、科技智慧的全面探讨。通过深入研究,可以更好地理解传统文化的内在逻辑和体系,为当代文化创新提供理论支撑。

在传承基础上发展中华优秀传统文化。传承是发展的前提,要尊重历史、继承传统,把传统文化中的优秀元素融入当代文化创作,使之成为新时代的文化符号。要把握时代脉搏,以现代人的审美需求和价值观念为导向对传统文化进行创新性发展,使之更具现代感和时代特色。

加强中华优秀传统文化的国际传播。通过多样的文艺交流,让世界人民了解和认可中华优秀传统文化,提升我国在国际文化舞台上的影响力。积极推动中外文化互鉴互学,以中华优秀传统文化为纽带,加深与世界各国人民的友谊,为构建人类命运共同体贡献力量。

培养一批具有国际视野、熟悉传统文化、善于创新的文化人才。人才是传承和发展中华优秀传统文化的生力军,也是提升国家文化软实力的重要力量。要加强对人才的培养和选拔,为文化事业发展提供有力的人才保障。

三、奠定社会主义核心价值观的文化基石

中华优秀传统文化作为中华民族几千年文明的结晶,其价值体系独具特色,深入人心,是民族精神和民族风骨的重要体现。

从这个层面考量,中华优秀传统文化的关键地位毋庸置疑。身为社会主义核心价值观的基石,中华优秀传统文化在塑造民族精神、传扬民族文化、凝聚民族力量等方面起到了极其重要的作用,是连接中华民族的关键精神纽带,亦是维护国家文化安全的重要屏障。

在新时代的大环境下,中华优秀传统文化的进步具备重大的实际价值:有利于弘扬民族精神,强化民族凝聚力与向心力;有利于传承民族文化,促进文化的创新及发展;有利于提升国家文化软实力,增强国际影响力;有利于构建社会主义和谐社会,推动社会的发展与进步。

总之,中华优秀传统文化在新时代的传承意义非凡,应珍视并传承这一珍贵的文化遗产,用以推动我国社会的发展与进步。与此同时,我们也应当积极投身于对中华优秀传统文化的创新与发展中,为中华民族的文化繁荣贡献自己的一份力量。未来,中华文化将持续传承下去,凭借其丰富的内涵和独特的魅力引领中华民族迈向辉煌的未来。

第三节 中华优秀传统文化传播的重要途径——外宣翻译

一、外宣翻译

外宣工作离不开外宣翻译。外宣翻译是以"外宣"为纽带,以中文为源语信息,以外语为载体,以网络和媒体等渠道向外国读者传递信息的一种特殊翻译形式,目的在于宣传中国、介绍中国,让世界更加了解中国。作为展示国家形象、传播文化价值观的重要途径,外宣工作的重要性不言而喻。外宣翻译不仅是简单的语言转换,更重要的是文化的传递和思想的交流。通过外宣翻译,能够有效地将中国的声音传送给世界,增进国际的相互理解。作为一种特殊的翻译形式,外宣翻译具有一定的特点和规律:强调翻译的准确性,要求译文不仅忠实于原文内容,还要在语义、语境等方面精确无误;注重翻译的传播效果,译文应符合目标语言的文化习惯,易于理解和接受,更好地实现宣传效果;兼顾时效性,快速准确地传递最新信息,保持信息的实时更新。在外宣翻译的过程中,需要充分考虑目标语受众的文化背景、语言习惯等因素。例如,在翻译中国的传统节日时,需要了解不同国家的节日认知和习俗,选择适当的译法和表达方式,使译文更具针对性和吸引力。注重译文的语言表达,运用生动形象的词汇和句式让译文更加有趣,吸引目标受众的注意。

张健教授在《外宣翻译导论》中指出,广义的外宣翻译包罗甚广,涵盖所有翻译活动,任何类型的翻译都可以承载着一定程度的外宣任务。外宣翻译早已突破了狭义的以文学作品为媒介进行文化交流的范畴,形成了人们常说的"大外宣"的翻译概念。关于狭义的外宣翻译,张健教授认为其翻译对象包括各种媒体报道、政府文件公告、政府及企事业单位的介绍、公示语等实用文体的翻译。①

张立蓉和孟祥春提出,我们需要将大量的中国信息译成外文,并通过图书、报纸、广播、网络、期刊以及国际会议等多媒体方式,向世界展示和传播中国的风采。这就是外宣翻译的使命。②

曾利沙进一步指出,外宣翻译的核心在于传递客观事实,其主要目标是实现对外宣传的社会效应,而非过分强调文字符号的个性特征或美学意义。③这一观点为我们理解外宣翻译提供了重要的视角。

结合以上学者的观点,可以从以下方面深入解读外宣翻译:

第一,外宣翻译是中国走向世界的必由之路,是世界人民了解中国的重要窗口。它如同一座桥梁一样连接着中国与世界,使二者可以更好地交流沟通和被理解。

第二,外宣翻译的主要对象是国外的受众。译者需要以国外的文化背景和阅读习惯为考量,确保翻译内容被国外读者理解和接受。

第三,外宣翻译的内容广泛,几乎涵盖了中国社会生活的各个方面。从政治、经济、文化到科技、教育、环保等各个领域,都需要通过外宣翻译向世界展示中国的多元和全面发展。

第四,外宣翻译的传播渠道和形式也多种多样。无论是传统的图书、报纸、广播,还是现代的网络(如社交媒体和其他多媒体)等,都可以成为外宣翻译的传播平台。这种多元化的传播方式,使得外宣翻译的影响力得以最大化。

基于以上解读,可以对我国外宣翻译的性质进行如下总结:外宣翻译以建构国家形象为主要目的,以广泛的国外民众为翻译对象,以实用文本为翻译内容,以中译外为主要传播方向,以多元化的大众媒体为传播渠

---

① 张健. 外宣翻译导论 [M] 北京:国防工业出版社,2014: 16.
② 张立蓉,孟祥春. 对外宣传翻译:译"名"更要译"实"——政治性误译举隅与应对策略 [J]. 苏州科技学院学报(社会科学版),2007(3):132-136.
③ 曾利沙. 从对外宣传翻译原则范畴化看语用翻译系统理论建构 [J]. 外语与外语教学,2007(7):44-46.

道。这一本质属性使外宣翻译与其他类型的翻译在目标和功能上产生了显著的差异。

二、外宣翻译与中华优秀传统文化对外传播与传承

外宣翻译在传播和承续中国文化中占据举足轻重的地位。随着全球化的推进以及中国与世界各国交流的日益密切,如何精准而生动地展现中国文化的博大精深成为人们面临的重要挑战。为推动中国文化更好地对外传播与承续,外宣翻译必须持续提升质量和标准。因此,应加强翻译队伍建设,培养一批既精通外语又熟悉中国文化的翻译人才;应加强对翻译技术的研究和应用,利用现代科技手段提高翻译的精准性和效率;应关注受众的需求和反馈,深入了解国际受众的文化背景和兴趣点,选择适合的话题和内容吸引其关注;应关注受众的反馈和意见,及时调整翻译策略和方法以满足其需求和期望。

三、中华优秀传统文化外宣翻译的原则

作为翻译领域中的一种特殊形式,外宣翻译自有其特点和要求。不同于文学翻译追求华丽的辞藻,也不同于口语翻译要求灵活应变能力,外宣翻译更注重总体性,强调翻译的目的性、真实性和时效性。这种翻译实践活动要求译者在翻译过程中既要保持原文的真实含义,又要确保信息的及时传达。下面具体分析外宣翻译的原则。

(一)凸显核心、译有所为原则

不同社会活动领域的外宣目的各异,外宣翻译的策略和原则也需根据具体情况进行有针对性的调整。在外宣翻译中,译者需要凸显核心信息,这是由外宣翻译的目的所决定的。核心信息的凸显不仅有助于目标受众快速理解原文的主旨,还能有效传达原文的意图和目的。译者在翻译过程中需要精准把握原文的核心信息,运用适当的翻译技巧和策略准确、生动地将之传达给目标受众。译者在外宣翻译中应发挥主体性。主体性是指译者在翻译过程中不仅要忠实于原文,还要根据翻译目的和目标受众的特点对原文进行适当的调整和创新。如果译者对自己的翻译任

务目的缺乏敏感意识,就容易陷入直译的误区,导致译文与原文只是在表面对等,背离翻译的真正目的。因此,译者在进行外宣翻译时要时刻保持对翻译目的的清醒认识,根据实际情况灵活运用各种翻译技巧和策略。

1. 凸显核心

确保信息传递的有效性是外宣翻译应遵循的一条重要原则,在翻译过程中需要凸显出核心的信息以达到最佳的传播效果。凸显核心的原则并非简单的信息堆砌,而是根据目标受众的接受心理、兴趣和需求对同一类型宣传材料中的关联性信息进行适当的调节,突出相关信息,达到最佳传播效果。在实际的外宣翻译过程中,信息的传达并非越全面越好,而是需要根据实际情况进行适当的筛选和调整。例如:

我们56个民族同呼吸、共命运、心连心。

The 56 ethnic groups share the same lot.

在这个例子中,汉语原文的核心思想是"共命运",这是一种强调集体意识、共同担当的表达。为了强化这种共同体验,原文中巧妙地运用了三个同喻义结构:"同呼吸""共命运"和"心连心"。这种修辞手法在汉语中非常常见,通过重复和强化使表达更加有力,深入人心。将这段汉语翻译成英语时译文并没有完全保留原文的同义结构,而是将其简化为 share the same lot。这种处理方式在翻译中很常见,因为不同语言之间的表达方式和语法结构往往存在差异。如果过于追求形式上的对等,可能会导致译文显得生硬、不自然,甚至可能扭曲原文的意思。这个例子也揭示了外宣翻译的重要性。外宣翻译不仅是两种语言之间的简单转换,更是一种跨文化的交流。它要求译者不仅要精通两种语言,还要对两种文化有深入的了解。只有这样才能确保译文在传达原文意思的同时符合目标语读者的语言习惯和文化背景。

2. 译有所为

翻译作为语言之间的桥梁,一直以来都承载着传递信息、沟通文化的重任。在翻译理论与实践中,忠实于原文被视为翻译的基石,原作与作者的地位被奉为至高无上。译者在这种观念下往往只是默默地跟随原文的步伐,充当着一个被动的角色。当深入探讨外宣翻译这一特定领域时,却会发现译者的主体性在翻译实践中起着至关重要的作用。外宣翻译的目的在于有效地传达信息，迎合目标受众的心理和文化传统。为了实现这一目标，译者往往需要"背叛"原文，对其进行适当的调整（删减、增补或改写），有时甚至需要进行重新组织。这种对原文的灵活处理正是译者主体性的体现。他们不再是简单的语言转换者，而是成为信息的解读者和文化的传播者。

随着经济社会的迅速发展，新词不断涌现，这对翻译工作提出了更高的要求。为了准确翻译这些新词，译者更需要发挥创造力，结合上下文语境进行巧妙转换。例如：

烟台发展（股票）违规操作，最后赔了夫人又折兵。

The irregular manipulation of the Yantai Fazhan（stock）led to a double loss at last.[①]

汉语原文中的"赔了夫人又折兵"是一个成语，蕴含着独特的文化，翻译时译者应发挥其主体意识对这一文化负载词进行适当的改写，达到传递信息的目的，对于译者而言就是"译有所为"。"赔了夫人又折兵"这一成语源自中国古代的一个历史典故，描述了某人在追求目标时不仅未能如愿反而付出了巨大的代价。在翻译这一成语时译者需要充分考虑目标语读者的文化背景和认知习惯，可以将"赔了夫人又折兵"翻译为 a double loss at last，这样的翻译既保留了原成语的基本含义，又符合英语读者的表达习惯。

（二）内外有别、外外有别原则

外宣翻译是一项具有挑战性的任务，它涉及将一种文化的语言等信息准确地传达给另一种文化中的受众。译者不仅是语言转换者，还是文化交流的桥梁。当目标受众主要是不熟悉汉语文化的西方人时，外宣翻译的难度就更大。英汉两种语言在语法、词汇、表达方式和文化背景等方面存在显著的差异，译者必须深入研究西方文化和西方人的心理、思维模式，以更好地理解和传达原文的含义。

[①] 刘子豪. 国家形象视域下中国特色词汇外宣翻译的思考[J]. 新西部，2019（2）：111-112.

1. 内外有别

内外有别原则主张在进行外宣翻译时应考虑到不同读者对象、宣传目的、宣传内容、宣传方法以及语言文字等方面的差异,使译文最大限度地与译入语读者的文化规范和习惯相适应,实现信息的有效传递和传播效果的最大化。英汉两种语言在文字系统、词汇、语法以及表达方式上都有很多的不同,这使英语读者在理解和接受汉语信息时会出现一定的困难。在进行外宣翻译时译者需要充分考虑这些差异,以便更好地传达原文的信息。例如,针对国外读者的材料在翻译时,译者需要考虑到他们的政治信仰、价值观念、意识形态、宗教观等差异。

2. 外外有别

外宣翻译除了要坚持内外有别的原则,还必须实现外外有别的精细化处理。外宣翻译主要面向外国读者,这些读者来自不同的文化背景,他们的语言习惯也存在微妙的差异,如美式英语和英式英语。因此,外宣翻译必须深入了解不同国家的风俗文化,确保翻译过程中充分考虑到这些文化差异,防止可能带来的麻烦和损失。

又如,在商标设计上各国就存在明显的差异。出口企业多好以动物为商标,则在设计品牌商标时必须充分尊重并符合目标市场的社会文化传统。例如,在中国,熊猫是国宝,深受中国人民喜爱,在欧美和东南亚也颇受欢迎。然而,在伊斯兰国家,熊猫却不受欢迎。孔雀在东方文化中被视为美丽的象征,但在法国有"淫妇"的贬称。这说明不同的国家有着不同的文化禁忌和偏好。在设计出口商品的商标和进行英语翻译时必须小心谨慎,避开这些可能引发误解的特殊因素。外宣翻译工作者在工作中不能采取一刀切的策略,需要对各个国家、各个地域的经济、政治、文化、伦理等方面的差异进行深入的分析和理解,以提高外宣翻译的针对性和效果。

(三)经济达意、形神兼备原则

在语言学领域,言简意赅、经济达意被视为一项关键的原则。经济达意,顾名思义就是用尽可能少的字词将相应的信息准确地传递出来,以达到在最短的时间内传递流畅信息的目标。这一原则在翻译领域同样适用，特别是对于外宣翻译，因为它既要求准确传递信息，又要求在形式上简洁明了。

1. 经济达意

在对外宣传的过程中，不同国家的受众群体具有各自独特的文化背景、接受能力和信息需求。译者在翻译具有浓厚文化意象的词汇时，不仅要深入理解原文的内容和核心信息，还要在双语语料库中进行细致的对比，寻找具有相似文化意象的词汇。同时，译者还需要具备辨别次要信息和冗余信息的能力，以确保翻译出的文本能够准确、简洁地传达原文中的核心价值。

张健教授所提出的外宣翻译的精准性原则显得尤为重要。他认为："在译文合乎规范的前提下，基本保留核心信息并剔除冗余信息的译文可宽泛地认为是合格的译文，而更好的译文则在更大程度上体现流畅性和次要信息。"[1] 这一观点强调了外宣翻译中不仅要保留原文的核心信息，还要注重译文的流畅性和易读性，使读者能够更加亲切地感受到原文中隐含的情感色彩。

外宣翻译的重要特征之一是反映客观事实，对信息的时效性有着极高的要求。在传达信息时译文必须准确、简明和实用，遵循经济达意的策略和可接受的原则。由于中英两国的文化在习俗、信仰和语言表达等方面存在显著差异，译者在翻译过程中需要对汉语中的套话适当删减，增加文中涉及的具有中国特色的信息以凸显原文的隐含意义。这样不仅使译文更加忠实于原文，还能够使表达言简意赅、通俗易懂，实现经济达意效果。例如：

积极推进各项配套改革。

We should press ahead with all supportive reforms.[2]

本例中，汉语中的"积极"和"推进"两个词在英语中分别对应着 go ahead 和 in a determined way。然而，逐字翻译会导致译文的冗余和不自然。因此，如何找到一种既准确又简洁的翻译方式显得尤为重要。英语

---

[1] 张健. 外宣翻译导论 [M]. 北京：国防工业出版社，2013：17.
[2] 刘子豪. 国家形象视域下中国特色词汇外宣翻译的思考 [J]. 新西部，2019（2）：111-112.

中的 press ahead 这一表达为我们提供了一个很好的解决方案。这个表达不仅涵盖了"积极"和"推进"两个词的含义,而且表达简洁、流畅,非常符合英语的表达习惯。因此,将"积极推进"译为 press ahead 不仅使表达更为简洁,而且有效地传递了原文的含义。

2. 形神兼备

外宣翻译绝非一种简单、刻板的双语间转换过程,而是一项复杂且充满挑战的任务,它要求译者在两种语言之间架起一座桥梁,确保信息的准确、及时和有效传达。在这一过程中,译者不仅要精通两种语言,更要具备清晰的逻辑思维能力,持有正确的价值观,以便准确地理解和表达复杂的事物。

外宣翻译的核心在于突出信息的重要性和传达时效性。译者需要迅速把握原文的核心内容,准确理解其背后的意图和目的,将这些信息以最直接、最有效的方式传递给目标语读者。这一要求对译者来说极具挑战性,他们需要在短时间内处理大量的信息,同时确保信息的完整性和准确性。例如:

虽然火箭复杂而令人难忘,但它曾是一种比较简单的装置,早在 800 多年前,中国人就发明了。

Although it may appear impressive and complex, the rocket which was invented in China 800 years ago, is a relatively simple device.[①]

本例中,译文不仅做到了准确传达,还遵循了英语主次信息的一般分布原则,体现了有序之美。这种美不仅仅是一种语言技巧,更是一种艺术审美原则。在英语中,信息的排列通常遵循一定的逻辑顺序,即先主后次、先重要后次要,这种原则在句子结构、段落组织以及篇章布局等方面都有所体现。例如,在句子中主语和谓语通常是最重要的信息,它们决定了句子的基本意义。其他修饰成分,如定语、状语等起补充和说明的作用,使句子更加完整和丰富。在段落和篇章中,主题句和中心思想通常位于开头或结尾,起到引领和总结的作用,其他细节和例子围绕主题句展开,形成有机的整体。

① 刘子豪. 国家形象视域下中国特色词汇外宣翻译的思考 [J]. 新西部,2019(2): 111-112.

第四节　中华优秀传统文化外宣翻译中的文化空缺现象与处理对策

一、中华优秀传统文化外宣翻译中的文化空缺现象

文化空缺，顾名思义是在源语文化中存在而在目标语文化中不存在的文化元素、概念或现象。在翻译过程中这些元素由于缺乏对应的译语表达，往往难以准确传达，甚至可能导致误解。

中华优秀传统文化博大精深，包含丰富的历史、哲学、文学、艺术等多方面的内容，其中蕴含着丰富的文化元素和独特的思想观念，对于外国读者来说存在一定的认知障碍。例如，一些具有中国特色的文化概念，如"仁义礼智信""天人合一"等，在翻译时很难找到完全对应的英文表达，这就需要译者在翻译过程中巧妙地处理，准确传达文化内涵。为了有效应对文化空缺现象，外宣翻译工作者需要采取一系列策略。例如，对源语文化有深入的了解和研究，准确识别出文化空缺；灵活运用各种翻译技巧，如直译、意译、音译等，最大限度地保留源语文化的特色；借助注释等解释手段帮助目标语读者更好地理解和接受中华优秀传统文化。

二、中华优秀传统文化外宣翻译中的文化空缺处理对策

（一）词汇翻译策略

1.信息对等策略

尤金·奈达（Eugene Nida）的功能对等翻译原则[①]在翻译领域具有

---

① NIDA E A. Toward a Science of Translating: with Special Reference to Principle and Procedures Involved in Bile Translating [M]. Leiden: Brill, 1964: 45.

广泛的影响力。该原则强调译者在翻译过程中应追求译文与原文之间的信息对等,确保读者在阅读译文时能够获得与原文读者相似的理解和感受。然而,在实际翻译实践中,实现信息完全对等却是一项极具挑战性的任务。为了实现信息对等,译者可以采取两种策略。

(1)信息完全对等策略

在翻译过程中,对于词义基本等同的外宣词汇,采用信息完全对等策略是一种高效且准确的翻译方法。这种策略主要适用于那些在不同语言之间互借的词汇,这些词汇在各自的语境中拥有相似的含义和用法。例如:

表面文章 surface formality

虚步 empty step

弓步 bow step

双赢 win-win

盘腿跌 sideway falling on a twisted leg

(2)信息部分对等策略

在信息传达的过程中,词汇的选择起着至关重要的作用。有些词汇在源语和目的语之间仅在词汇意义方面对等,但在语法、语体等方面的意义可能存在微妙的差异。这些所谓的"信息部分对等"的词汇在翻译过程中需要译者格外留心。例如:

哄抬物价 jack up price

2.补全语义策略

补全语义是一种有效的翻译策略,需要译者具备深厚的双语能力和敏锐的文化洞察力,确保增译的内容既准确又恰当,帮助读者理解和欣赏原文的内涵。例如:

中国有两点是靠得住的,一是讲原则,二是说话算数。

China can be counted on. Among other things, first, it upholds principles and second, it honors its words.[①]

在翻译过程中,译者不仅要准确地传达原文的字面意义,更要深入挖掘其深层含义,以实现忠实、通顺、优美且富有表现力的翻译。对于

---

① 徐建忠.翻译安全学[M].天津:天津大学出版社,2021:156.

上述例句,译者在翻译时将"有两点"进行了结构方面的调整,并增译了 Among other things,这不仅有效帮助国外读者理解句子意思,揭示了原文的真正内涵,而且表达了"至少有两点"的含义。这一处理方式反映出译者具有较高的政治素质和敏感性,能够从原文中挖掘出更深层次的含义,避免对原文内涵的曲解。如果不进行上述处理,只是按照原文结构进行翻译,如译为"On two points China can be counted on. First, it upholds principle and second, it keeps its words."这样的翻译方式,可能会让国外受众认为中国"只有两点靠得住",这显然是对原文内涵的误解。因此,补全语义的本质就是忠实传达原文的思想内容,使译文能够更好地传达原文的深层含义,避免对原文的误解。

在补全语义的过程中,译者需要遵循一定的原则,保证补充内容与原文内容的一致性、避免过度解释等,以确保补充的合理性和有效性。例如:

必须始终不渝地坚持两手抓、两手都要硬的方针,加强精神文明建设。

We must unswervingly give equal importance to economic development on one hand and to the development of socialist culture and ideology on the other hand.[①]

将原文与译文进行对比分析,我们不难发现译文中巧妙地增加了对"两手抓、两手都要硬"这一个中国特有表述的语用信息,将其翻译为 give equal importance on one hand...on the other hand。这一翻译不仅准确传达了原文的语义内涵,还通过增译的方式,使译文更加贴近目标语读者的表达习惯,从而有效传递了中国的国家方针政策。"两手抓、两手都要硬"这一表述,源自中国改革开放时期的领导人邓小平。他强调,在经济建设快速发展的同时,必须重视精神文明建设,确保两种建设同步推进,不偏不倚。这一思想体现了中国政府对全面发展的追求,以及对经济和社会协调发展的高度重视。其中 on one hand 这一表达方式凸显了二者之间的平衡关系。这种翻译方式既保留了原文的核心信息,又使译文更加易于理解,有效地实现了外宣翻译中凸显核心信息的原则。

---

① 徐建忠. 翻译安全学 [M]. 天津:天津大学出版社,2021:156.

(二)句法翻译策略

1.逻辑显化策略

汉语作为一种隐性逻辑语言,在表达思维与逻辑时有着独特的风格,其衔接手段相对简单,没有英语那样丰富的语法结构和词形变化,这种特点使汉语在行文时有时会显得信息关联性不强、存在冗余,甚至逻辑不够清晰。因此,在翻译汉语句子时,译者需要具备较高的语言素养和逻辑思维能力。他们需要在透彻理解原文的基础上,梳理出各个部分之间的逻辑关系,并进行适当的逻辑转换。这样才能使目标语言的读者在阅读时能够轻松理解原文的含义,感受到作者的情感和态度。例如:

据考证,"China"大写是指中国,"china"小写是指瓷器,她的读音系来自汉语"昌南"一词的谐音译。而"昌南"指昌南镇,为景德镇的旧称之一。

It is believed that the country name "China" comes from "china", a term for porcelain, which is pronounced similarly to "Changnan", a former name for Jingde Town.[1]

本例中,原文中的两个短句虽然用逗号分隔,没有明确的连接词,但其中隐含的逻辑关系却十分紧密。首先,我们来分析原文中的两个短句:"'China'大写是指中国,'china'小写是指瓷器。"这两个短句虽然形式上是独立的,但实际上它们构成了一个因果关系,即大写的 China 这个国名,是源自小写的 china 这个词,而 china 又常常指代陶瓷。在翻译这样的句子时,不仅要准确地传达每个词的字面意义,更要挖掘出它们之间的内在联系和逻辑关系。因此,不能简单地将这两个短句处理为两个独立的陈述短句,而是应该将它们连接起来,形成一个完整的句子,以表达原文中的因果关系。所以,在梳理了这两个短句之间的逻辑关系后,可以明白这样的翻译不仅保留了原文的意思,还使译文更加流畅自然,更易于被译入语读者理解。

---

[1] 徐建忠.翻译安全学[M].天津:天津大学出版社,2021:159.

2.合理变译策略

我国著名语言学家黄忠廉认为变译翻译策略旨在满足一些特殊条件下特定读者对象对特定信息的需求,针对性强。变译策略在实际应用中具有很大的灵活性,可以根据不同的翻译目的和对象灵活选择。例如,在某些情况下,译者为了更好地传达原文的意义会选择扩充原文,增加一些额外的信息,来帮助读者更好地理解原文;在另一些情况下,译者会选择浓缩原文,减少一些不必要的细节,使翻译更加简洁明了。例如:

自强不息,厚德载物(清华大学校训)
Self-discipline and Social Commitment
学为人师,行为世范(北京师范大学校训)
Learn to be an Excellent Teacher; Act as an Exemplary Person[1]

---

[1] 徐建忠.翻译安全学[M].天津:天津大学出版社,2021:161.

第七章

中国经典文学艺术外宣翻译的障碍与对策

中国经典文学艺术具有深厚的文化底蕴与独特的艺术魅力，受到越来越多国际读者的欢迎。在翻译这些经典文学艺术时，译者遇到的文化障碍是比较大的。由于文化背景、价值观念、审美习惯等方面的差异，翻译中可能会出现误解、歧义或信息丢失的情况。为此，本章重点研究中国经典文学艺术外宣翻译的障碍与对策。

第一节　典籍文化外宣翻译障碍与对策

一、典籍文化

（一）典籍文化的定义

《孟子·告子下》中有言："诸侯之地方百里；不百里，不足以守宗庙之典籍。"这里的"典籍"指的是"礼制"，是国家重要的法则文献。在古代，典籍被视为国家的瑰宝，是传承历史文化的重要载体。从广义上讲，典籍涵盖了自上古神话至清代学术的绵延千年的重要作品，没有时间限制。而狭义上的典籍则更具体，更能体现某一时期的特色。结合广义和狭义的定义，可以将典籍理解为19世纪中叶以前的古籍，这些古籍不仅具有学术价值，有些还代表了当时当地的传统文化。

（二）典籍文化的特征

典籍文化作为人类文明的瑰宝，其独特的魅力与重要性不言而喻。深入探讨典籍文化的特征，我们会发现它体现在深厚的历史积淀、丰富的内涵和独特的传承方式等多个方面。

典籍文化的历史积淀深厚是其突出的特征之一。无论是东方还是西方，典籍都是知识的载体、智慧的结晶和历史的见证。从古代的甲骨文、竹书、帛书到现代的电子书、网络文献，典籍的形式在不断演变，其核心价值始终未变。典籍记录了人类文明的发展历程，见证了不同时代、不同地域、不同民族的文化特色与智慧结晶。典籍文化是人类文明传承与发展的重要载体，是一种深厚的历史文化积淀。

（三）典籍的分类

为了便于对卷帙浩繁的典籍进行学习运用，便产生了典籍的分类。我国古代典籍的分类，一般认为源于西汉刘向、刘歆父子奉诏整理点校国家藏书，对汉朝皇室"积如丘山"的典籍进行全面整理，编成《七略》。《七略》的原本已经失传，但我们可以在后来班固所著的《汉书·艺文志》中可见其基本轮廓，只是班固删掉了《七略》中的《辑略》，改为了《六略》。

明清以后，著录更加繁盛，到清代乾隆年间，乾隆皇帝亲自组织，征集大批名人儒士，历时数十载，进行了我国历史上最大规模的古籍整理工作，编纂成《四库全书》，在书籍分类上仍按经、史、子、集四部分类，部下又分若干类，同时形成了一部重要的目录学著作——《四库全书总目》。经部是指记录古代儒家伦理、思想等的书籍。史部指各种类型的历史作品，司马迁著《史记》是中国正史的开始，每个朝代几乎都有一部正史，故有"二十四史"的说法。除此之外，史部还收录古史、野史、地方志、时令等书籍。子部包含除儒家外其他诸子百家的学说和著作。春秋时期，百家争鸣，法家、墨家、兵家等都有其学说。集部是集合类书籍，包括散文、骈文、诗词、剧本、文学评论等。

中国典籍分类法从产生到四部分类法的正式形成是不断发展、不断进步的，越来越有系统，也越来越复杂。随着西学东渐的浪潮，晚清引进了西方近代图书分类法后，加之现代学科建制的确立，美国图书馆专家麦尔威·杜威（Melvil Dewey）的十进分类法（哲学与心理学、宗教、社会科学、语言、自然科学、文学、历史地理与传记等）对我国现代图书分类产生影响。我国现代图书分类（以"中国图书馆分类法"——简称"中图法"——为代表）有5大基本种类：马列主义、哲学、社会科学、自然科学及综合类图书。实际上，"中图法"也适用于典籍的分类，为了对典籍进行有针对性的翻译，将传统分类方法与满足读者阅读习惯的现代分类方法相结合是更好的选择。因为与现代图书分类学相比拟，四部分类有很多不合理的地方，如各部之间没有各自相适的分类规定，全局的分类标准又不统一，或按书籍内容，或按作者的社会地位等。

另外，基于不同的研究目的，典籍分类还有其他考虑。就学科而言，典籍可分为哲学、历史、宗教、文学、风俗研究、考据学、伦理学等。从思想上看，典籍可分为儒家、道家和佛家思想。从文体来看，典籍可以分为两类：文学典籍和科技典籍。文学典籍包括诗词、散文、戏剧和小说。科技典籍由数学、天文、生物、物理、化学、地理、农业、医学、法律和军事等部分组成。当代学者自身受教育于实行现代学科分类的教育体制下，在讨论典籍诸问题时，对分类法的选择应既包括现代学科分类也包括中国传统的分类法"七略"和"四部"，如在梳理典籍外译文本时，会有如下表述。

就已经翻译出版的典籍而言，数目较多的包括哲学典籍、历史典籍、诗词歌赋典籍、小说典籍、戏剧典籍、中医药典籍六大类。此外，已经外译并出版的典籍还有其他类型，如文论典籍、散文典籍、兵书典籍、地理典籍、农业典籍、其他科技典籍、百科典籍、法律典籍、艺术典籍等，这几类数量较少。

结合文化和典籍的定义及分类可见，典籍是文化的一部分，是文化产品的一种形态。根据冰山理论的分类，典籍的外在表现形式即文字读物（包括多样的媒质形式）属于水平面上的文化，典籍所蕴含的深层意义则属于水平面以下的文化。从跨文化研究的理论和方法考察典籍外译，对典籍外译的理论体系构建和翻译实践，具有很强的引领意义。

二、典籍文化外宣翻译的策略

典籍文化作为中华民族悠久历史的见证和智慧的结晶，其翻译工作不仅要求语言上的精准，更要求文化上的传承与发扬。在进行典籍文化的翻译时，必须遵循一系列的原则，以确保原文的精髓得以完整保留，并在译文中得到恰当的体现。典籍文化的翻译不是简单的语言转换，而是一次跨越时空的文化对话。因此，译者在翻译过程中必须尽可能保持原文的语义、风格和修辞特点，不得随意增减或修改原文内容，只有在充分理解原文的基础上才能进行准确的翻译。

（一）语言层面

译文越接近原文的措辞，对读者来说就越显得异化，就越有可能起到修正偏颇的作用。[①] 东西方文化焦点的巨大差异造成了词义空缺现象明显。异化效果可以通过吸收源语文化在民族历史进程中逐渐积累并有别

---

① 蒋晓华，张景华. 重新解读韦努蒂的异化翻译理论——兼与郭建中教授商榷[J]. 中国翻译，2007（3）：39-43.

于其他民族的表达来实现。下文将以中医学典籍《黄帝内经》的翻译为例,就其中的中医名词术语来看,译者文树德没有采取用目的语表达去意译、解释这些中医概念的方式,而是以中医的思维去解读,主要通过直译加注或音译加注等方式来确保译文更充分地接近原文,反映原文的真实内容。据统计,文译本共计使用了5912条脚注对译文进行注解。① 所有的这些译注、解读和说明为读者领会原文本之"异"提供了直接资源。

1. 直译

直译是表现源语文本差异性最常用的策略之一。面对特有的中式表达,文树德在文本处理上大多直译,然后采用注解去丰富直译背后蕴含的深刻含义。例如:

弱而能言,幼而徇齐,长而敦敏,成而登天。

While he was [still] weak, he could speak.

While he was [still] young, he was quick of apprehension.

After he had grown up, he was sincere and skillful.

After he had matured , he ascended to heaven.

注:Wang Bing: He casted a tripod at Tripod Lake Mountain. After he had it finished(完成), he rose to heaven in broad daylight (as an immortal).Zhang Jiebin takes this story to be a fairy tale and interprets "登天"as "to die". Yu Yue suggested to interpret "登天" as assuming the position of ruler and he quoted the following statement from *the Yi Jing*(易经), *Ming Yi Zhuan*(明夷传)to strengthen his point. Tanba Genkan adduces evidence from the almost identical passages in *the Shi Ji*(史记), *the Da Dai Li Ji*(大戴礼记), and *the Jia Yu*(家语). In all those sources, instead of the text reads, "[he was] clever(聪明)."

面对"登天"这样一个中西意义差异较大的词,文树德采用直译加注的方法,将"登天"翻译为ascended to heaven,接着在脚注中给出了其他学者的解读并补充各类注释。例如,列出王冰注解为"黄帝后铸鼎于鼎湖山,鼎成而白日升天",登天即成就不死之身;张介宾将其理解为一个神话故事,登天即为死亡;俞樾从《易经》《明夷传》里引用"初登于天,照四

---

① 蒋辰雪.文树德《黄帝内经》英译本的"深度翻译"探究[J].中国翻译,2019(5): 112-120.

国也"佐证,"登天"即继承王位;丹波元简从《史记》《大戴礼记》《家语》里找到证据,认为登天即为聪明之意。"登天"一词明显带有强烈的"异域色彩",译者没有根据自己的理解进行意译,而是通过直译的翻译方法保留了这一异质特色,通过脚注将其进一步延伸彰显,呈现出多面、立体的意义。

2.音译

女子七岁,肾气盛,齿更发长。
In a female, at the age of seven, the Qi of the kidneys abounds.

在中国古代哲学观点中,"气"指"构成万物的基本物质"。中医学便是基于这样一个出发点来阐释自然界的运动变化、人体的生理病理规律以及四时节气变化对人体的影响。此处的"肾气"即肾精化生之气,指肾脏的功能活动。在译本中,译者采取音译的异化翻译方法,译为 the Qi of the kidneys。Qi 是一个模糊概念,文化内涵丰富,存在于所有可能的状态中,所以译者直接用异化的手法音译为 Qi。这种译法保留了源语独特的文化概念,还借此将 Qi 引入了目的语。同理,通过在译文中引入大量此类异质性话语,既能凸显语言和文化的差异性,又对目的语起到一定的补充、丰富的成效。虽然从短期看可能会给跨文化交流带来一定的障碍,但只要该术语被接受了,就会对中医学概念的传播和目的语的相关文化建构起积极的推动作用。

(二)结构层面

韦努蒂说,他的翻译是要在目的语中重新创造与原文中相类似的特殊表达方式,力图忠于原文中一些特殊表达,使译文和原文的关系既是一种重现的关系,又是一种相互补充的关系。[①]《黄帝内经》原文的医理是以"黄帝"和"岐伯"之间的对话形式来呈现,文树德在译本中同样采用对话的结构,使读者从全局了解到《内经》的话语特色。原文中有大量结构对仗的并列句式,文树德尽力保留原文的并列结构与句法顺序,以并置方式让英文读者真切地感受中医话语的内在结构。为了使译文与原文句

---

① 王雯君.韦努蒂异化理论视阈下《牡丹亭》两译本中文化意象的英译对比研究[D].沈阳:沈阳师范大学,2023:6.

型结构一致,译者使用方括号来补充原文中省略但表达了意思的词汇或短语。例如:

食饮有节,起居有常,不妄作劳。

[Their] eating and drinking was moderate.

[Their] rising and resting had regularity.

They did not tax [themselves] with meaningless work.

原文为并列的四字结构,译文为达到与原文句型结构上的高度统一,对原文进行了模仿,并采用括号这一形式来补充相关内容以连贯文气。虽然这种非线性句式的表达并不符合英语中重前后逻辑、连贯的形合特点,但是这种不连贯在另一个层面上则是保留了差异性和陌生性。

《黄帝内经》文译本以异化翻译为主并采用多种话语策略,正视差异、尊重差异、强调差异、保留差异,最大限度地反映了原义和原貌,保留并彰显了原文本的"文化之异"和"语言之异"。通过"存异"使处于弱势地位的中医文化在西方国家维护了自身的主体性,译者的主体性和自身价值得到了充分体现,读者领会到异域文化的特色,目的语文化也得到一定程度的丰富和发展。

三、典籍文化外宣翻译实践:以《道德经》为例

德国哲学家本雅明(Benjamin)在《译者的任务》一文中提出:翻译是为了呈现"纯语言",纯语言则是语言间各种互补关系的总和。这一理论有助于揭示翻译的本质,为人们分析各种翻译现象提供有效的视角。

文本经过翻译从源语文化传播到译入语文化,通常同一个文本,尤其文学文化典籍,有可能不止一次被翻译成同一门外语,在同一个译入语文化中拥有好几种译本,各种译本往往呈现纷繁复杂的多样性。不同译本的存在带来各种问题,如对"重译"和"翻译有无定本"的探讨。这些问题涉及译本与译本之间的关系,具有非常重要的意义。要说明译本与译本之间的关系,就必须了解译本与原作之间的关系,这有助于认识翻译的本质;此外,厘清译本之间的关系便于识别不同译本的价值,能更为有效地译介文学文化典籍并建立其经典地位带来启发。要回答这些问题,本雅明的翻译互补论就是一个很好的切入口。

《道德经》英译本之间的互补,可以从对"一"的翻译中窥见一二。作为文字符号,"一"笔画至简,却意蕴丰富,可以表示数量、顺序,也包含"统

一""一致"等意思,承载的内涵非常深广。《道德经》中计有8章共15次出现了"一"字;有几处非常关键,如"圣人抱一"(第二十二章)、"天得一以清"(第三十九章)、"道生一"(第四十二章)等,都与"道"有关。那么"一"是否等同于"道"呢?冯友兰认可"一"跟"道"的联系,同时也意识到,"道"分"有"和"无"两个方面,从"无"的方面来说,"道"是混沌未分的元气,但又并非"一";从"有"的方面来说,"一"似乎指向"太一",即"道生一"中的"一"。冯友兰的语气犹豫而不甚确定,这份谨慎源自《道德经》指意方式的模糊性。鲜明的意象与深邃的内涵之间形成强大的张力,源语和译语之间也就伸展着大片可能性。

《道德经》第四十二章的"道生一,一生二,二生三"中的"一",因为与接下来的"二"和"三"同在语境链上,直译数字顺理成章,各种译本在这里的处理方式相对一致,差异较小。相比之下,第三十九章的"昔之得一者,天得一以清,地得一以宁,神得一以灵,谷得一以盈,万物得一以生,侯王得一以为天下贞"一连7个"得一";这里的"一"字如何翻译,颇费译者踌躇,因此也成了译本互补的集中地带。

巴福尔(Balfour)的版本将"得一"的"一"译为the Unity。卡鲁斯的oneness和巴福尔的the Unity都包含了表示"一"的词根,前者用one,后者用uni传达出"统一""一体"的意思,兼顾指意方式和意指之物。不过,oneness侧重表示同一性,描述状态;unity侧重不同成分的融合一致,展示结果。这两个词虽然同义,彼此也互为补充,同时还与其他版本的用词(如侧重整体性的whole)互补。

亚瑟·韦利(Arthur Waley)将"得一"的"一"译为the Whole[1],析出"一"里包含的"整全"之意。《道德经》兼具哲学性与艺术性,如果作品重在"美",译者就必须牺牲精确性以保证原作的美;但是在韦利眼里,《道德经》的重要性不在于文学性而在于内容,准确再现内容才是首要目标。在书本的序言中,韦利表达了"要把人类作为一个整体(a whole)来研究"的观点。韦利所谓的"整体"融合古今中外,目的在于阐明中国古籍对当下西方世界的参考价值,the Whole与其主张遥相呼应。总结起来,the Whole包含的意指之物与原文共享亲缘性,但也不尽重合——中文包含的意义更广,译文体现了其中一部分,在具体语境中还暗示着新的内

---

[1] ARTHUR WALEY. The Way and Its Power: Lao Tzu's Tao Te Ching and Its Place in Chinese Thought[M]. London: George Allen & Unwin Ltd., 1934: 156.

涵,其指意方式也大不相同——译文与原文就这样构成了互补关系。

理雅各(Legge)将此处的"一"译为 the One (the Tao)[①],极简的意象得到直接的保留,再由括号注释出背后的含义。在指意方式上,这种处理把"一"的"形""意"一分为二,与其他版本差异明显,形成互补;此外,把"一"与"道"等同起来,在意指之物方面与其他版本形成互补。

将"一"译为 the One 在 20 世纪和 21 世纪非常普遍,有了众多前译本作为基础,跨文化译介中的"语言差"和"时间差"得到一定弥合,读者无须更多说明也能理解 the One 所传达的意义。不过,这并不意味着"一"的翻译找到了最优解,译本不断涌现,所有的译本都试图穷尽语言互补的每种可能。之前使用过的译法,只要可以放进汉英翻译的互补总图景中,也还会被一再试探,反复出现。例如,即便到了 21 世纪,还会有新版本沿用 the Unity 和 the Whole 的译法。

总体来看,以上对"得一"之"一"的不同翻译显示了多个方面的互补:既有贴合数字意象的 the One(理雅各)和 oneness(卡鲁斯),也有揭示背后丰富意蕴的 the Unity(巴福尔)和 the Whole(韦利)。贴合数字意象的版本 the One 又不止于字面意义,而是透露着超乎寻常的存在。揭示原文意蕴的 the Unity,虽然只能抓住多重含义中的一个方面,却可以凭指意方式开辟出新的意义,如与 the Trinity 词形结构上的相近使读者在中国概念与西方宗教概念之间产生联想,这种新的意义元素因为与形式有直接挂钩,也被纳入了互补的大图景中。翻译方式也在互补过程中扮演重要角色,如在理雅各在 the One 之后加上括号补充 the Tao,将译者的理解变成读者可以直接接收的信息,与其他并不似这般直接点明要义的版本构成互补。

这里的种种互补在《道德经》中"得一"之"一"众多的英译版本中只是小小一角;从字到词,再到句子和篇章,原作从源语转化成各种译语,这一不断互补的过程用"道生一,一生二,二生三,三生万物"来概括再贴切不过了。此处的"道"就是纯语言,"万物"就是纯语言的表征,即各个译本。冯友兰以《道德经》的翻译为例,表示单个译本有自己的局限性,只能传达一个意思,而原文往往可能含有更多别的意思,因此"需要把一切译本,包括已经译出的和其他尚未译出的都结合起来,才能把《老子》

---

① JAMES LEGGE. The Sacred Books of China: the texts of Taoism[M]. Oxford: Clarendon Press, 1891: 178.

原本的丰富内容显示出来"。[①]冯友兰的阐述主要围绕译者对原作的解释展开,非常精准地展现了翻译的"互补性"本质,揭示出译本与译本之间的关系:原作与译本、译本与译本之间,既有亲缘性和关联性,又有差异性和排斥性,彼此互补;从历史的、动态的视角看,只有结合一切已有的和未有的译本,才能揭示出特定作品中"意指之物"和"指意方式"的综合关系,无限接近"得一"式的纯语言的全貌。

翻译互补性的实质在于关系,既考虑原作与译本的双向影响,也探索意指之物与指意方式之间的联系和变化。从翻译互补性视角观照原作与译本的关系,研究会更加客观全面,也更接近翻译的本质。

探讨译本与译本之间的关系时,翻译的互补性能突破"优劣比较"式的批评,一方面立足语言内部的因素,另一方面抓住语言外部的因素来考虑问题。对译本互补关系的这种梳理赋予研究者开放的历史性视角,拓展研究空间,对译本的产生和特点给出更具深度的解释。

在实践层面,同一原作的各个译本犹如片片拼图,在空间上有着属于自己的位置;各个译本的局部翻译单位在空间上也遵照某种原则排布,互补程度不一。如果要做的是首译,那么译本互补的总体规律可以指导译者如何确定译文与原文的最优互补方位,使作品能在译入语文化中得到经典化;如果要做的是重译工作,那么译本互补图景中的空缺往往可以提示可能的方向;互补密集的地方也能提供便利的参考,以便进一步强化作品的经典地位。总之,译本的互补性可以为翻译活动的有效规划提供合理依据。

第二节 诗词曲赋文化外宣翻译障碍与对策

一、诗词曲赋文化

诗词曲赋文化,简言之,便是以诗词、曲赋等文学体裁为载体,传递情感、思想、哲理以及历史文化内涵的一种独特文化形式。它源远流长,深深植根于中华民族的文化传统中,是中华文化瑰宝的重要组成部分。

[①] 冯友兰.再谈关于老子哲学的问题[J].哲学研究,1959(7):34-41.

诗词曲赋文化以其独特的艺术形式和表现手法,展现了中华民族丰富的情感世界和深邃的思想内涵。诗词以其精练的语言、优美的韵律和深远的意境,表达了人们对自然、社会、人生、情感等诸多方面的感悟和理解。曲赋则以其活泼的节奏、丰富的想象力和多样化的表现形式,生动地再现了人们的生活场景和社会风貌。

二、诗词曲赋文化外宣翻译的策略

下面综合一些译者的观点,分析中国古诗词的翻译策略。

(一)注重诗词的形式

以屈原的"骚体诗"为例,他打破了《诗经》整齐的四言句式,创造出句式可长可短、篇幅宏大、内涵丰富的"骚体诗",开创了中国浪漫主义的先河。这种独特的诗歌形式在翻译过程中具有重要的再现意义。许渊冲先生提出的"形美"概念,就是指译诗在句子对仗工整方面尽量做到与原诗形似。[1] 然而,他所追求的并不是简单的对号入座式的形似,而是在忠实于原文的基础上,兼顾翻译规范、目标语读者的阅读习惯以及审美倾向等因素,合理使用归化策略,以传达原文的内涵和形式美。例如:

   揽木根以结茝兮,贯薜荔之落蕊。
   矫菌桂以纫蕙兮,索胡绳之纚纚。
   I string clover with gather wine, oh!
   And fallen stamens there among.
   I plait cassia tendrils and wine, oh!
   Some strands of ivy green and long.

在翻译领域,许渊冲先生以其独特的翻译手法和对英汉诗歌的深刻理解,为我们展示了一种全新的翻译美学。他深知英汉诗歌之间的异同,巧妙地运用英语诗歌的平行结构,将原文诗歌的形式美展现得淋漓尽致。同时,他也成功地传达了原诗的情感内涵,实现了意美的再现。在句式方面,许渊冲的译文充分考虑了目标语读者的阅读习惯。他巧妙地补出了主语"I",使译文更符合英语 SVO 结构,易于理解和接受。这种处理手

---

[1] 许渊冲. 文学与翻译 [M]. 北京:北京大学出版社,2003:15.

法不仅符合英语读者的阅读习惯,同时也为译文增色不少。在第一、第三句中,他巧妙地使用了字数对等的手法,构成主语对主语、谓语对谓语的结构,使译文在视觉上更加美观,给人一种和谐、平衡的感觉。除了对句式的处理外,许渊冲还充分发挥了译语的优势。在兼顾原诗形美的前提下,他采用了等化的译法,将"落蕊""菌桂"等意象逐一译出,如 fallen stamens、cassia tendrils、strands of ivy green 等,成功地再现了原文的意象。这样的翻译不仅让读者了解到原诗的内容,更让他们在欣赏的过程中感受到美的愉悦。许渊冲的翻译艺术不仅体现在对原诗的忠实传达上,更体现在他对原文的深入理解和审美创造上。他在原文的基础上,用符合英语语言规范的方式表达,充分调动了自己的审美能力和创造能力。他根据原诗的内容选择恰当的译诗形式,将原诗的神韵传达得淋漓尽致,做到了形神兼备。

(二)传递意境美和音韵美

《离骚》诗歌里的意象是诗人情感的寄托。许渊冲先生译诗最讲究的是传达诗的情感内涵,却又不过分拘泥于原诗。例如:

椒专佞以慢慆兮,樧又欲充夫佩帏。
既干进而务入兮,又何芳之能祗?
The pepper flatters and looks proud.oh!
It wants to fill a noble place.
It tries to climb upon the cloud, oh!
But it has nor fragrance nor grace.

"椒"与"樧"在古典诗词中,常被用作描绘那些专横跋扈、心机深沉的小人形象,"芳"字则常被用来赞美品德高尚、行为端正的君子。然而,在翻译这些诗句时,译者并未一一对这些意象进行直译,而是更加注重传达诗句的内在含义和深层美感。这种翻译方式不仅展现了诗人对小人谄媚之态的生动描绘,更凸显了译者在追求意美之余,对于诗歌整体美感的尊重与保持。在许渊冲的翻译中,可以看到他采用了浅化的译法,将"佩帏"翻译为 noble place,这样的翻译既传达了原诗中小人攀权附贵的意味,又避免了直译可能带来的生硬和歧义。这种处理方式既体现了译者对原文的深刻理解,也展示了他对译文读者的关照。值得注意的是,许渊冲在翻译过程中还巧妙地省略了部分意象,如"樧""佩帏"以及"芳"。

这种省略并不是简单地忽略,而是在深入理解原文的基础上,为了更好地传达诗歌的整体意境和美感所做的选择。这种处理方式既避免了译文冗长,也保留了诗歌的简洁和凝练。在保持诗句意思的同时,许渊冲还十分注重译文的押韵和形式工整。他通过巧妙的词汇选择和句式安排,使译文在保持原文意蕴的同时兼具了音乐性和视觉美感。这种对音美和形美的追求,正是许渊冲翻译诗学观的重要体现。

三、诗词曲赋外宣翻译实践:《过故人庄》多译本对比

诗歌中的意象并非诗人在诗歌创作过程中临时构思的,而是沉淀在社会文化中,成为语言符号的一种诗歌形象,承载着诗人的思想感情。许渊冲教授提出的"三美"原则中,意美是诗歌翻译最为重要的目标,要求译文达意且传情。盛唐文学可谓中国古代文学的顶峰,社会经济基础稳固,学术氛围自由且活跃,有才识之人或仕或隐。隐居一派受儒、道、释三家思想影响,归隐田园,修身养性,落笔抒情,逐渐形成山水田园诗派。孟浩然(689—740)的人生经历简单明了,没有太大的波折,由此其诗歌思想内容也相对简单,其思想情感也没有如其他诗人那般幽怨孤冷。作为继陶渊明、谢灵运之后的山水田园诗派的代表诗人,孟浩然的诗歌主要聚焦于自己的隐居生活与旅途风景,风格平淡闲逸而清幽。诗人以意象构建寓情于诗,译者则应挖掘探索其具体内涵,在译文尽可能还原诗歌意象,以达意传情。下面聚焦于六位中国译者对孟浩然《过故人庄》的译本,从表达性语义场视角探讨诗歌译文中的意象构建,以期能客观分析各译本在传达诗歌意象方面的得失。

(一)语义场理论

语义场理论(Semantic Field theory)是语义学的主要理论和重要研究课题之一。自19世纪,物理学界提出电磁场理论后,"场"这一概念就被广泛运用到心理学、社会学、语言学等各大领域。语言学家洪堡特最初提出了一种关于语言学体系的思想,"强调语言体系的统一性和语境对表达式的意义的影响"。索绪尔也曾多次强调语言是一个系统。有学者指出语言是"一个由多个系统组成的多平面、多层级的独立的体系"。

德国结构主义语言学家特里尔(Trier)最早提出"语义场"概念,尔后随着美国结构语言学的发展,这一理论开始逐步引起学界关注。语义场理论认为,在语言的词汇系统中,各个词互相联系彼此依存,其意义通过这样相互依存的联系而得以确定,语义场正是这些具有相近甚至共同语义的语言单位的集合。由于词语意义的迁延性与互渗性,词语间互相依存且能互相解释,语义场间既相互关联又相互独立。词义间的渗透与关联构建起了独特的表达性语义场。奈达(Nida)也曾指出,一般词典在给词的各义项下定义时,大都提供实用语境的分析。对于翻译工作者而言,还要在此基础上弄清各意义之间的细微差别。要辨明这些差别,必须通过语义场中词与词的对比,对词的各义项的意义关系作出分析。

(二)《过故人庄》之意象分析

孟浩然"为学三十载",本意图仕进以"修身、齐家、治国、平天下",然而事与愿违,求仕无望,故退而隐居,寄情山水,在自然中寻求自由与快乐。《过故人庄》是孟浩然隐居鹿门山时所作,是其山水田园诗的代表作之一。整首诗语言平淡简朴,天然去雕饰,叙述了受邀去村居朋友家做客一事,诗中描绘了山村恬静的风光、恬淡闲适的田园生活,同时也展现出了诗人与友人的深厚友谊。

诗歌开头点明此行原因,"故人具鸡黍,邀我至田家",《论语·微子》有记录孔子的弟子与一村隐居者偶遇,"杀鸡为黍而食之","鸡黍"乃是农村热情待客时的饭菜。故人先备菜再邀请,而诗人应邀而去,并无推辞,可见二人的情谊深厚且真挚。路上"绿树村边合,青山郭外斜","绿树""青山"色彩恬淡而温柔,一"合"一"斜",一幅错落有致、层次分明的山水画映入眼帘,立体感十足,宁静淡雅又温柔和谐的氛围瞬间得以传递。"开轩面场圃,把酒话桑麻"描写的则是诗人和友人在吃饭时推开窗门,面向"场圃",喝酒谈农事的情景,"场圃""桑麻"皆为农村生活中的常见元素,此情此景闲适而自然。相聚而后是离别,诗人说道"待到重阳日,还来就菊花",等到明年重阳节,还要再来和友人一同赏菊,不请自来,可见诗人率性洒脱,也表现出诗人与友人间的情真意切。

(三)《过故人庄》意象之表达语义场构建分析

在诗歌翻译中,意象的翻译过程实则为意象在译文中再次构建生成的过程。作为诗歌审美价值对等的核心,意象的翻译十分重要,需要译者深入理解其具体含义,并把握个中情感,"如果译者能从意象的语义信息、审美形式和深层意境结合原诗作者的创作意图、背景及社会文化语境,多层次多角度地挖掘诗歌的语义及审美信息……未尝不能神形兼备地接近原诗之美",可见准确翻译意象的语义信息的重要性。

王德春的语义场理论认为词义由构成该意义的多种关联义素组成,词义的确定由该词及其他词义所构成的纵聚合与横组合关系搭配决定。[①] 表达性语义场是词义的渗透、兼容、互文而构建起的特定语义场,具有动态性、即时性的特点,新颖且合理。诗歌标题《过故人庄》中"过"与"庄"原本并不在同一语义场,但从表达语义场视角出发,二者意义兼容渗透,互相影响,构建起了特定的语义场意象。

据《新世纪汉英大词典》,"过"被释为 pass(经过)、spend(度过)、undergo(经历)、surpass(超过)、excessively(过度)、mistake(过错);"庄"被定义为 serious(严肃)、village(村落)、banker(坐庄)、field(庄田)、business places(店)。故"过"和"庄"的义素构成如图 7-1 所示。

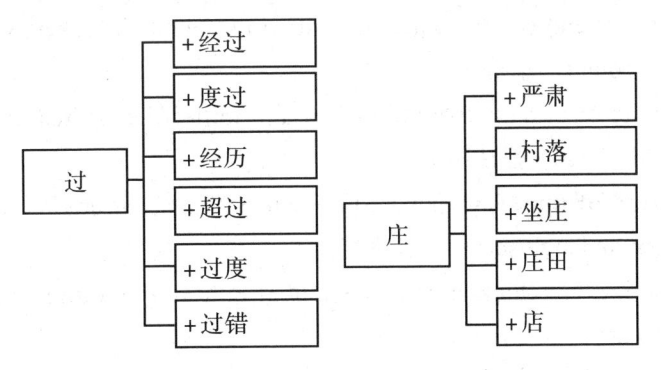

图 7-1 "过"和"庄"的义素构成

在《过故人庄》一诗中,"过"与"庄"在特定情境下构成了表达型搭配,故二者原有的义素相互搭配、相互释义,进而构成"不完全规约性"的表达语义场。在这一表达语义场内,并非所有义素都能相互搭配组成相关

---

① 王德春. 论义素和语义场 [J]. 外语教学,1983(4):3-4.

意象,故需要进行取舍。"过"的相关义素中,"经过"指到达后离开;"度过"便是指共度好友相聚时光;"经历"指亲身体验,诗中的相关意象有"至田家""面场圃""话桑麻""就菊花";而"超过""过度""过错"等义素则无法在诗中找到相关意象,应当舍弃。在"庄"的相关义素中,"村落"能在原诗中找到"村""郭"等相关意象,"庄田"也有"田家""场圃""桑麻"等相关意象。由此可见,同一意象词的义素取舍在不同诗歌中不尽相同,通过解读意象词的义素所构成的表达性语义场将有助于客观全面地解读诗歌意象的意义。

《过故人庄》诗如其名,以平实朴素的语言叙述了诗人与友人相聚言欢的故事,表现出两人情谊的深挚,也表达了诗人对闲适隐居生活的喜爱。下面将选取与诗歌氛围营造及情感表达紧密相关的意象"田家""具鸡黍""绿树合""青山斜""面场圃""话桑麻""就菊花"作为分析对象,结合各样的语义场,以许渊冲、蓝庭、曾冲明、曾培慈、唐一鹤、张炳星共六位译者的译本为分析文本,探究诗歌翻译的语义场构成,并判断译者是否做到了诗歌意象的准确再构建。

(1)诗歌第一联意象的表达语义场分析

故人具鸡黍,邀我至田家。

An old friend has prepared chicken and food, and invited me to his cottage hall.(许渊冲)

My old friend cooked chickens and corns sound, he asked me to visit his cottage round.(蓝庭)

A friend of mine prepared chicken and millet, he invited me to have dinner in his farm.(曾冲明)

A friend of mine has prepared a country feast, and invited me to his village visit and sightsee.(曾培慈)

Preparing me chicken and rice, old friend you entertain me at your farm.(唐一鹤)

My old friend invited me to visit farm, with chicken and millet he entertained me.(张炳星)

诗人以"鸡黍"这一意象向诗歌读者传递出友人与自己的友谊之深厚。具鸡黍以待客,便是以自家简单的家常菜邀人而来,待客简朴而不讲虚礼,也展现出了中国古代传统的田园生活风貌。"黍"在《古汉语常用字字典》中被释为黄米饭,是中国北方地区的主食,有一定地域文化背景，《诗经·魏风·硕鼠》中就有"硕鼠硕鼠，无食我黍"，便是警告大老鼠不要偷吃家里的食物。据《新世纪汉英大词典》，"黍"被释为 broomcorn millet，而在该诗中，其语义场分析如图 7-2 所示。

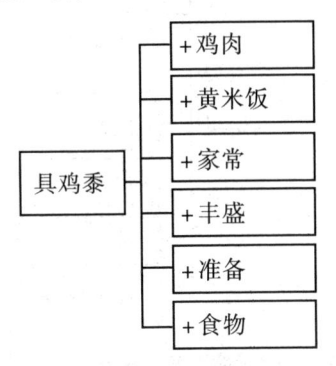

```
                  ┌─ +鸡肉
                  ├─ +黄米饭
                  ├─ +家常
         具鸡黍 ──┤
                  ├─ +丰盛
                  ├─ +准备
                  └─ +食物
```

图 7-2　"具鸡黍"表达语义场义素分析

六个译本中，许渊冲译文 food 直接将意象浅化，但并不妨碍理解，"黍"也确属于 food 这一大类；蓝庭译文 corns 及唐一鹤译文 rice 则完全不符合"黍"的义素分析，虽然属食物一类，但并非小米 millet；曾培慈译文 country feast 则选择忽略"鸡""黍"的文化意象，加以归化意译，然而牛津词典将 feast 定义为 a large or special meal, especially for a lot of people and to celebrate something，与"黍"的语义场完全不符；曾冲明和张炳星的译文将"黍"直译为 millet，完全符合"黍"的义素分析，这样的等化翻译保留了原诗的文化意象，又保留了原诗的叙述风格，让诗歌读者对中国古代乡村饮食文化也有了进一步了解。

综上，许渊冲译文 food 及曾冲明和张炳星译文 millet 皆符合"黍"的义素分析，其中曾冲明和张炳星两位译者的译文则更为贴切。

"田家"即孟浩然友人所居之处，有田地有房屋。据《新世纪汉英大词典》，"田"被释为 field、farmland、cultivated land、open area abundant in mineral resources，"家"被定义为 home、family、person engaged in a certain trade、specialist in a certain field、person of certain characteristics、person related to oneself in someway、my、domestic、nationality、school of thought、party/side，根据全诗的主题"过故人庄"可推断，此处"田家"的义素成分如图 7-3 所示。

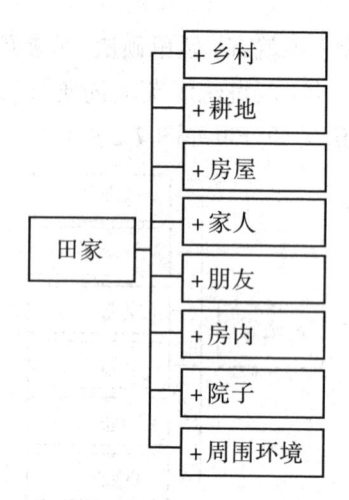

```
              ┌─ +乡村
              ├─ +耕地
              ├─ +房屋
              ├─ +家人
     田家 ────┤
              ├─ +朋友
              ├─ +房内
              ├─ +院子
              └─ +周围环境
```

图7-3 "田家"表达语义场义素分析

六个译本中对"田家"的翻译各有不同，许渊冲译文 his cottage hall，蓝庭译文 his cottage round，曾冲明译文 his farm，曾培慈译文 his village，唐一鹤译文 your farm，张炳星译文 farm。据牛津词典，cottage 表示小屋，尤指村舍、小别墅，farm 表示农场、饲养场，village 表示多户人家组成的小村庄。许渊冲译文 cottage hall 范围仅限制在了房子内部，忽略了房子的周边环境；蓝庭译文 cottage round 则反之，忽略了房屋内部，局限于周边环境；曾冲明、唐一鹤、张炳星三位译者的 farm 则范围过大；曾培慈译文的 village 便不再特指友人这一家，而是指整个村庄，偏离了原诗意象。根据对"田家"的义素分析，六位译者的译文皆不完全符合原诗的语义场。

（2）诗歌第二联意象的表达语义场分析

绿树村边合，青山郭外斜。

The village is surrounded by green wood; blue mountains slant beyond the city wall.（许渊冲）

I saw the village is by green trees surrounded. Out the village's wall, there are green mountains all round.（蓝庭）

The village is surrounded by green trees; the blue hill slants beyond the walls of town.（曾冲明）

Along the way there are clusters of lush green trees, once outside the town, there stretch blue mountains on one side.（曾培慈）

We watch the green trees that circle your village. And the pale blue of outlying mountains.（唐一鹤）

Green trees surrounded the farm. And blue hill lay across the suburb of great charm.（张炳星）

"绿树合"是诗人来到友人所居村庄时所看到的景象的一部分，是身边近景，绿树葱葱环绕着小山村，与上下语境结合，描绘的是一幅清新悠然的乡村画卷。据《古汉语常用字字典》，"合"有闭合、聚集之义，司马光记录赤壁之战有"五万兵难卒合，已选三万人，船、粮、战具俱办"，描绘的便是战场之上千万兵卒聚集围绕的场景。《新世纪汉英大辞典》中"合"为 close、join/combine/come together、round、add up to、jointly、whole、proper/appropriate。故"绿树合"的语义场如图 7-4 所示。

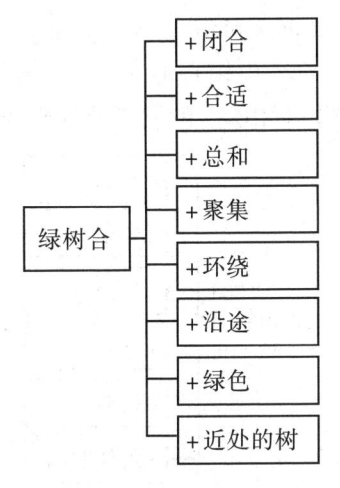

```
           ┌── +闭合
           ├── +合适
           ├── +总和
           ├── +聚集
 绿树合 ──┤
           ├── +环绕
           ├── +沿途
           ├── +绿色
           └── +近处的树
```

图 7-4 "绿树合"表达语义场义素分析

"绿树合"的表达语义场要求译者在翻译的过程中考虑到意象与语境的关联性，有必要突出绿树的环绕或聚集的状态。六位译者的译文都基本达到这一要求，许渊冲、蓝庭、曾冲明、张炳星四位译者采用了 surround 这一动词，唐一鹤则采用 circle 一词，这两个动词都表现出了"绿树"这一意象的"环绕"状态，而曾培慈则加方位状语以修饰，along the way 与 clusters of lush green trees 描绘出了沿途"绿树"聚集的状态，使读者更能身临其境，体会这一幅山村图景。由此，六版译文皆基本做到了"绿树合"的意象传达，但曾培慈的译文更具动态感与画面感，能引发读者联想，其意象传达更符合了原诗意境。

"青山斜"是诗人赴友人之约时所见的远景，远处群山连绵，山色青青，由"绿树合"过渡而来，视野开阔之感尽显。《古汉语常用字字典》中

"斜"有倾斜之义,如辛弃疾《永遇乐·京口北固亭怀古》"斜阳草树,寻常巷陌,人道寄奴曾住",即对夕阳缓缓落下的描述,由此则引申出倾斜着向前延伸之意;如温庭筠《题卢处士山居》有"千峰随雨暗,一径入云斜",描写的便是大雨袭来,云层翻涌,山峰斜斜地延伸入云中的画面。需要注意的还有对"青山"这一颜色的理解,《古汉语常用字字典》中"青"有三种颜色:一则为蓝色,如荀况《劝学》有"青,取之于蓝,而青于蓝";二则为深绿色,如刘禹锡《陋室铭》有"苔痕上阶绿,草色入帘青";三则为黑色,如李白《梦游天姥吟留别》有"云青青兮欲雨,水澹澹兮生烟",《将进酒》有"君不见高堂明镜悲白发,朝如青丝暮成雪"。据《新世纪汉英大词典》,"青"的义素有 blue/ dark blue、green、young、youth,"斜"指 oblique、slant、slope、tilted、inclined,但结合前文的"绿树"以及原诗此联中近景远景对比塑造的空间感,"青山斜"的语义场分析如图 7-5 所示。

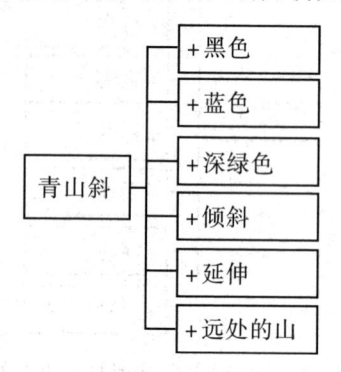

```
           ┌── +黑色
           ├── +蓝色
           ├── +深绿色
青山斜 ────┤
           ├── +倾斜
           ├── +延伸
           └── +远处的山
```

图 7-5 "青山斜"表达语义场义素分析

关于"青山"这一意象,六位译者中仅蓝庭的译文中选用了 green 这一颜色,其他译者皆选用 blue。依据"青山"的义素分析,二者皆符合该意象的颜色;但结合上下语境,考虑该意象的表达语义场,则 blue 更为贴合原诗,加强由近及远的空间感受,以颜色对比勾勒出诗人眼中远近错落的山村的景致,更能使读者身临其境。六位译者对于"斜"的译文则有所差异,许渊冲与曾冲明选用 slant beyond 一词,表达出了"倾斜""由远及近""延伸"的义素;蓝庭的 all round 及张炳星的 lay across 则为环绕之意,有延伸感但缺乏远近空间感;唐一鹤的 outlying 未能表达出"倾斜"之意;曾培慈以 outside、stretch、on one side 与前面的译文产生对比,其义素表达更为全面,最为贴合原诗。

（3）诗歌第三联意象的表达语义场分析

开轩面场圃，把酒话桑麻。

The window opened, we face field and ground, and cup in hand, we talk of crops of grain.（许渊冲）

When open the window, we faced the garden and ground. Wine cup in hand, we talk about mulberry and thread.（蓝庭）

His windows are opened to face his fields, we drank and talked of crops and mulberries.（曾冲明）

The dining hall has its doors wide open towards the courtyard, we drink to and talk about crops, yield and farm life.（曾培慈）

We open your window over garden and field, to talk mulberry and hemp with our cups in our hands.（唐一鹤）

Opening the window, we faced a nursery and an extensive meadow. We with wine talked about mulberries and flax below.（张炳星）

"面场圃"是对诗人与友人吃饭时，打开窗户面向田园这一画面的描写。据《古汉语常用字字典》并结合诗歌语境，"场"在中国传统田园生活中指的是收打庄稼、翻晒粮食的平地，如蒲松龄《狼》"顾野有麦场，场主积薪其中"；"圃"则指的是种植蔬菜的园子，如《墨子·非攻》有"今有一人，入人园圃，窃其桃李"。在《新世纪汉英大词典》中，"场"的义项有 place for a particular purpose、site/spot/scene、stage/sports arena、the duration of a performance or game、farm/field、field（physics），"圃"则为 garden。由此，"面场圃"的语义场分析如图7-6所示。

关于"场"，许渊冲和蓝庭选用 ground，曾冲明和唐一鹤选用 field，张炳星选用 an extensive meadow，曾培慈选用 courtyard，皆未能完整表达"场"在中国传统文化中的具体意义"打谷场"，其中张炳星译文的 an extensive meadow 完全偏离原诗意象。据《新牛津英语词典》，曾培慈的 courtyard 多指带围墙的别墅旁小庭院，也与诗歌中所描绘的村庄中的小屋农家院子差距甚大。关于"圃"，蓝庭和唐一鹤直译为 garden，张炳星译为 nursery，皆较为贴合原诗意象，其他三位译者则或未给出对应翻译，或意译，或浅化。但考虑"场圃"意象所蕴含的文化背景意义并不影响此联的理解，对此略有让步并无不可。

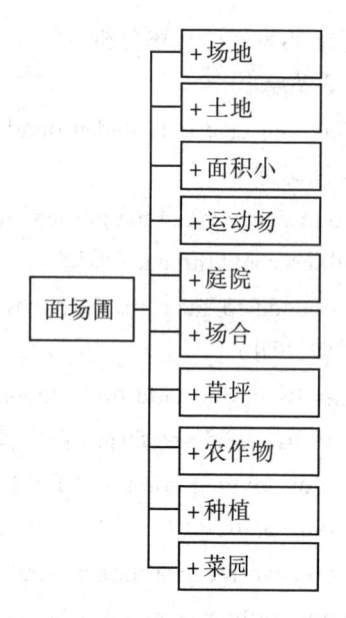

```
                    ┌─ +场地
                    ├─ +土地
                    ├─ +面积小
                    ├─ +运动场
                    ├─ +庭院
        面场圃 ─────┤─ +场合
                    ├─ +草坪
                    ├─ +农作物
                    ├─ +种植
                    └─ +菜园
```

图7-6 "面场圃"表达语义场义素分析

"话桑麻"是诗人与友人吃饭时交谈的内容,村居生活,有友相伴,谈论着农事,凸显出宾主相谈的惬意悠然。"桑"与"麻"是中国古代两大重要的农事活动,据《古汉语常用字字典》,"桑"即指种桑养蚕,如《晋书·礼志》有"先王之制,天子诸侯亲耕籍田千亩,后夫人躬蚕桑","麻"则是对麻类植物的统称,如《荀子·劝学》"蓬生麻中,不扶而直"。《新世纪汉英大词典》中"桑"释为 white mulberry,"麻"释为 hemp/flax/jute、sesame、coarse/rough、pitted/spotted、numb/tingling。结合语境,"话桑麻"的语义场分析如图7-7所示。

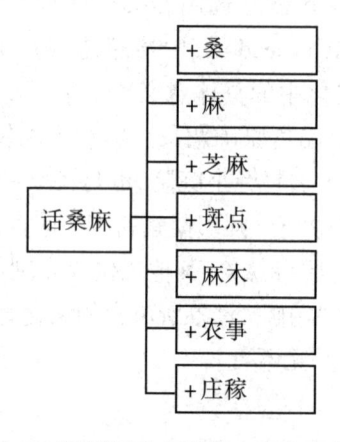

```
                    ┌─ +桑
                    ├─ +麻
                    ├─ +芝麻
        话桑麻 ─────┤─ +斑点
                    ├─ +麻木
                    ├─ +农事
                    └─ +庄稼
```

图7-7 "话桑麻"表达语义场义素分析

对"桑麻"两个意象,六位译者各有其处理方式,蓝庭、唐一鹤、张炳星选择直译为 thread/hemp/flax,曾冲明忽略了"麻"的意象,将其译为 crops(庄稼)and mulberries,许渊冲和曾培慈则用 crops 来替换"桑麻"的意象,曾培慈还辅以 yield and farm life 来泛化"桑麻"加以解释。对比"桑麻"的语义场分析,蓝庭、唐一鹤、张炳星等人的译文仅停留在意象表面,未能表达出意象的整体意义。许渊冲、曾冲明、曾培慈三者的译文皆选用了 crop 一词,据《牛津高阶英汉双解词典》,crop 的义项有 plant、food、large quantities、grain,曾冲明的译文保留了部分意象 mulberries 并用 crops 加以泛化概括,许渊冲的译文 crops 忽略了原诗的意象,但还比较贴合意象的表达语义场,曾培慈译文 crops、yield、farm life 虽忽略了意象本体,但其译文中的补充信息泛化覆盖了基本义素。综上可知,曾培慈的译文更为贴近原诗。

(4)诗歌第四联意象的表达语义场分析

待到重阳日,还来就菊花。

When the Double Ninth Festival comes round, I will come for chrysanthemums again.(许渊冲)

When Double Ninth Festival comes around, I'll come again to enjoy chrysanthemums be found.(蓝庭)

When the Double Ninth Day comes round, I'll come to him for chrysanthemums again.(曾冲明)

Looking forward to the Double Ninth festival we are, to again gather here and chrysanthemums admire.(曾培慈)

Wait till the Mountain Holiday—I am coming again in chrysanthemum time.(唐一鹤)

When the Double-Ninth Day comes, I'll come again to appreciate chrysanthemums high and low.(张炳星)

"就菊花"是诗人与友人来年的约定,待到重阳节时,两人再相聚一并赏菊。据《古汉语常用字字典》,"就"有接近靠近、前往之义,如荀况《劝学》"故木受绳则直,金就砺则利",屈原《离骚》"济沅湘以南征兮,就重华而陈词"。在《新世纪汉英大词典》中"就"的义项为 come near/approach/move towards, arrive/reach, go with, by, engage in/undertake, at once, even if, concerning, accomplish 等。结合原诗语境,"就菊花"的语义场分析如图 7-8 所示。

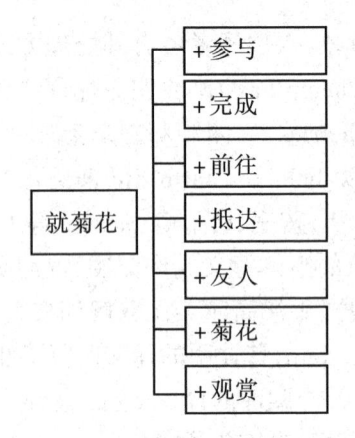

```
          ┌─ +参与
          ├─ +完成
          ├─ +前往
就菊花 ────┼─ +抵达
          ├─ +友人
          ├─ +菊花
          └─ +观赏
```

图7-8 "就菊花"表达语义场义素分析

关于"就",曾冲明译文 I'll come to him 和曾培慈译文 to again gather here 则点明了与友人的重聚,两人再共赏菊花之意。许渊冲译文 I will come for,蓝庭译文 I'll come again to enjoy,唐一鹤译文 I am coming again,张炳星译文 I'll come again to appreciate,重点都在于陈述"我会再来",而忽略了"友人"这一义素。但在诗歌第三联中,六位译者都已经用到了 we,早已提前道出了第四联暗含的"友人"义素,故此处不予以明晰化,更为简洁且贴合原诗意象。

诗歌翻译并非易事,要做好诗歌中的意象传达更是难上加难。笔者应用语义场理论为诗歌翻译中的意象解读与翻译提供了新视角,译者可以借由该理论对诗歌意象的内涵进行准确分析,把握意象的基础义素,充分感知原诗,使译文重现原诗的表达语义场,在译文中完整重构原诗的意象。唯有将意象层层解析,译者才能重现诗人于意象所融之情,向读者达意传情。

第三节 散文小说文化外宣翻译障碍与对策

一、散文小说文化

散文小说文化作为一种重要的文化形态,展现了人类情感的丰富性和思想的深邃性。

散文以其自由灵活的文体和贴近生活的内容,为读者提供了一种直接与作者心灵对话的途径。它既可以是对自然风光的细腻描绘,也可以是对人生哲理的深刻思考,或是对社会现象的敏锐观察。散文的美在于以简洁而富有力量的文字触及人心最柔软的部分,引发读者的共鸣和思考。

小说通过虚构的叙事构建了一个个充满想象力的故事。小说中的人物形象鲜活,情节跌宕起伏,背景丰富多彩,共同构成了一个完整的艺术世界。小说不仅是娱乐和消遣的手段,更是对人性、社会和历史的深入探讨。通过小说,作者能够展现复杂的人性,探讨道德和伦理问题,反映社会变迁,甚至预见未来。

散文小说文化的价值不仅在于其文学成就,更在于对人类精神世界的滋养。它鼓励人们去探索、去体验、去感悟生活的真谛。在快节奏的现代生活中,散文小说提供了一种放慢脚步、回归内心的方式,让人们在阅读中找到慰藉,获得启示。

二、散文小说外宣翻译策略

(一)动态、静态转换

语言是人对客观世界的一种反映方式,有动态和静态的不同表达。静态的表达往往会把事物的运动和变化描述为一个过程或状态。动态的表达则注重描写引起变化或运动过程的行为、动作。英语句子基本意义常常用静态表达,而汉语通常用动态表达。在散文小说的外宣翻译中,要注意对这种状态进行转换。

(二)情感的传达

散文的创作在于传达作者的思想感情,因此情感是散文的灵魂所在。在对散文进行翻译时,译者需要对原文的情感进行体会。也就是说,要想让读者顺利读完译者翻译的散文,获得与原作读者相同的感受,就需要译者把原作的情感融进去,这样才能真正地使人移情。

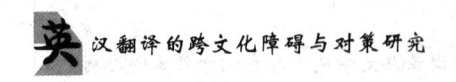

三、小说外宣翻译实践：以符际翻译理论视角下的《红高粱家族》为例

在当今全球化和信息化飞速推进的时代，信息的交流和传递早已不再局限于语言文字，人们也越来越倾向于通过图像和视频等方式来获取、传递信息。罗曼·雅各布逊在翻译分类中所提出的符际翻译研究指出，用非文字符号来阐释文字符号，将原文本衍生出来的各种媒介形态都纳入翻译研究范畴，无疑顺应了时代的发展趋势。以莫言的系列作品《红高粱家族》为例，该作品的对外传播经历了张艺谋导演的影视化创作，以葛浩文为代表的译介和不同艺术形式的演绎，是其被符际翻译、语际翻译的重要体现。

（一）雅各布逊的符际翻译理论

雅各布逊对翻译的分类见于其20世纪60年代发表的题为《论翻译的语言学问题》一文，该文章自发表之日起一度被视为翻译研究的经典著作。雅各布逊在文章中提出，语言是一种符号系统，每一种语言都有着相同的解释能力。语言的符号学意义在于语言符号可以进一步被翻译成其他可代替的符号。基于上述认识，他将翻译分为语内翻译、语际翻译和符际翻译三类。其中，语内翻译指用同一种语言的一些语言符号去解释另一些语言符号；语际翻译指用一种语言的语言符号解释另一种语言的语言符号；符际翻译指用非语言符号解释语言符号。符际翻译主要形式是从语言符号到非语言符号的转换，如诗歌到音乐、小说到电影、文字到图画的转换。

雅各布逊将语际翻译界定为"真正的翻译"，翻译研究也长久受困于"真正的翻译"的语言围城。随着信息技术和多媒体发展带来的文化交流和知识传递方式的多元化，语际翻译在跨文化交流研究中的局限性日益凸显，不少翻译学学者回归到雅各布逊对翻译的符号学认识，将同样能够传递信息的非语言符号列入研究范畴，符际翻译受到应有重视。在文学作品的交流和传播过程中，符际翻译也确实发挥了重要作用。最经典的例子便是对莎士比亚戏剧《哈姆雷特》的改编和演绎：该作品先是被搬上话剧、音乐剧舞台，之后又被改编不同的影视形式，如迪士尼电影《狮子王》——动物版的《哈姆雷特》、《夜宴》——中国宫廷版《哈姆雷特》。自创作至今的400多年间,该剧在不同的时代和地区被多种符号解释,通过对符号的解释生成一系列解释项,同时继续对解释项进行的解释,使该作品不断产生新的意义,也让世人不断累积、更新对对象的知识。由此,戏剧《哈姆雷特》显示出强大的生命力。

(二)《红高粱家族》的翻译及其研究

张艺谋导演是实现中国文学影视符号化转换的重要代表人物,他先后将莫言、刘恒、苏童、陈源斌和余华等作家的优秀文学作品以影视化的形式呈现给观众,在海内外取得重大成就,对文学作品的传播产生重大影响。以莫言的系列小说《红高粱家族》为例,小说作品先是被张艺谋导演改编为电影《红高粱》,在海外大获成功。之后,不同译本的 Red Sorghum 也相继被出版。2012年莫言获诺贝尔文学奖,《红高粱家族》不仅在国内以不同的地方剧种形式登上舞台,还被青岛市歌剧院改编成舞剧在海外巡演。系列小说《红高粱家族》经历影视化、英译、舞剧等多种形式的符号转换,实现了该文学作品的海外多模态传播。

2012年的诺贝尔文学奖使莫言文学在社会各界备受关注,翻译领域也掀起一股莫言文学作品外译研究的高潮。以莫言第一部外译系列长篇小说《红高粱家族》为例,2012年前只有个别文章对译本中的文化"误译"、在美国的接受进行了研究。在这之后,研究视域拓展到翻译学、语言学、经济社会等不同领域,研究内容和方法也呈现多样化特点。

上述研究主要集中在葛浩文英译本的文字层面,却未跳脱"语际翻译"范畴。[1] 从作品本身来看,《红高粱家族》成功的海外传播在很大程度要归功于葛浩文对其作品的译介,莫言也曾提到"如果没有他杰出的工作,我的小说也可能由别人翻成英文在美国出版,但绝对没有今天这样完美的译本",并坦言,"从翻译的内容来看,他的译本为我的原著增添了光彩"。

然而,翻译不仅是语言的,也是其他符号的,更准确地说是二者的结合。这里的"符号"就包含符际翻译所提到的语言与非语言符号。因此,《红高粱家族》的对外传播研究也应该涉及不同形式的"翻译"。正如美国学者伯尔曼所言,现有翻译研究不断深入,甚至呈现繁荣景象,跨学科研究

---

[1] 罗娟,刘洁. 翻译过程中译者主体性的发挥——以葛浩文英译《红高粱家族》为例 [J]. 海外英语,2023(15):8-11.

的形式变得多样纷呈,包括语言与语言、不同文化的文学文本、诗歌与舞蹈、电影与小说、摄影与随笔以及学科语言与思维方式之间等,甚至涌现了与其他学科语言和思维模式的关联。①

(三)《红高粱》中的符际翻译、语际翻译与语内翻译

《红高粱家族》中的首篇——《红高粱》是莫言于1986年发表在《人民文学》杂志上的一部长篇小说。1987年,张艺谋导演将其改编为电影《红高粱》在国内外上映,该片在1988年获得第38届柏林国际电影节金熊奖,成为首部获此殊荣的亚洲电影,该文学作品第一次以影视化的形式呈现在了西方观众面前。

随后,小说的译本也开始出现在国际社会:最初的译本是由汉学家葛浩文完成的,美国维京出版社在1993年出版。在这之后,英国的海涅曼出版社、密涅瓦出版社和阿罗出版社分别于1993年、1994年和2003相继再版。2014年舞剧版《红高粱》经青岛歌舞剧院编排登上世界舞台。从《红高粱家族》的海外传播过程来看,改编电影在先,翻译文本在后,舞剧更不必说,它们虽属三种不同的符号,却存在一定的关联性。

1. 开疆拓土:符际翻译与语际翻译

在20世纪,传播学等新兴学科的研究认为通过各种新媒介创作的作品不仅有助于信息的传播,也丰富了原信息的内涵,进一步影响着人们的思考角度、认知深度以及生活的各个领域。②电影作为一种综合性艺术形式,为古老的文学作品带来了新的传播力。有学者通过对莫言作品海外传播的历时研究发现,1988年电影版《红高粱》的成功大大提高了海外读者对其文学作品的接受度,对此,有学者总结道:"成功的海外传播除去好的文本内容外,传播媒介的选择和综合运用,译者的选择,作品的全面性呈现也是相当关键,是左右一个作者作品海外传播成功的关键因素。"在这里可以看到,小说本身的文学价值、译本的质量影响作品的传播和读者

---

① BERMANN S. Working in the "And" zone: Comparative literature and translation[J]. Comparative Literature, 2009, 61(4): 432-446.
② 吴辉,于汐. 媒介变革语境下文学"破界"现象研究——以《罗密欧与朱丽叶》为例[J]. 现代传播(中国传媒大学学报), 2015(8): 66-72.

接受度,而电影《红高粱》对小说成功的海外传播起到了开疆拓土的作用。电影相较于传统的纸质媒介能涉及更广阔的传播范围,甚至能超越语言的隔阂,仅依靠画面、背景音乐等就能传递意义,比枯燥的文本更能刺激阅读原著的兴趣。从译本的传播起源上看,正是作品成功的影视化一定程度上催生了英译本的语际翻译实践。在传播过程中,《红高粱》凭借大众化电影媒介在国际上的成功使其译本更自然顺利地进入普通读者的视野,拓展文本读者受众基础,改变了读者群体的局限性。连莫言自己都认为"因为电影的关系,这本书知名度最高"。

2. 承前启后:语内翻译及其他符际翻译

小说《红高粱》在语际翻译方面取得重大成功——2012 年小说原作者莫言获得诺贝尔文学奖,中国文学在世界范围内受到的肯定极大地激发了文艺工作者的创作热情,"红高粱"又一次在文艺圈掀起热潮。在国内,除了电视剧版《红高粱》霸占各大卫视黄金时段,各地还以《红高粱》为蓝本,创造各式各样具有地方特色的戏剧版《红高粱》,如豫剧、晋剧、评剧等版本。在某种程度上,这既是对小说的语内翻译,也是一种符际翻译。而凭借区域优势,青岛市歌舞剧院将《红高粱家族》符号化为舞蹈搬上舞台。舞剧《红高粱》用颠轿、野合、祭酒、丰收、屠杀、出殡六大章节完整地讲述了一段关于生命力的故事,突出生活在高粱地里的人们追求爱情和自由生活的主题。舞蹈的动作语言是表现形象的主要手段,舞剧版《红高粱》包含有古典舞的豪放、民间舞的细腻、芭蕾舞的精致,更有现代舞的丰富,美妙的肢体语言能更独到、更深刻、更强烈地诠释原著小说中人物的命运和内心世界。比起电影,舞剧版《红高粱》也更具现场感染力。

翻译的作用在一个民族的文化转型时期显得尤其重要,其功能没有其他学科可以替代,它与一个国家的现代性、一个民族的振兴息息相关。[①] 新时代的中国正在昂首走向世界舞台的中央,承载中华文化的文学作品也要顺应时代潮流走出国门,将国内优秀的文学作品翻译为各种形式引向世界,让世界更好地了解中国文化,成了新时代文艺工作者的历史使命。

通过对小说《红高粱家族》海外传播路径及其关联性的研究发现:符

[①] 罗选民. 关于翻译与中国现代性的思考 [J]. 中国外语,2012(2): 5-6.

际翻译拓宽了翻译研究领域,将其纳入文学作品的海外传播研究中符合信息化和多媒体时代潮流。语际翻译和符际翻译关联性分析表明文学作品影视化传播为文学作品的外译开疆拓土:一方面,符际翻译的影视化促成语际翻译实践;另一方面,影视化因其特有的视听功能大大拓展了语际翻译后的受众基础。因此,文学作品的海外传播可以考虑让影视、舞蹈等不同的艺术形式走在前列。成功的符际翻译能进一步激发文艺工作者的创作潜能,促进文学作品全方位的艺术表现,丰富中国文学海外传播形式。此外,符际翻译还可以在不涉及语言符号参与的情况下实现,使文学作品在新的社会环境中得以阐释、再现、演绎和续写,实现不同符号之间的良性互动。这就启示我们:如果各种艺术形式的改编皆可看成文学作品的"翻译"和"再生",那么中国文学的海外传播任务就不仅属于优秀的译者,还需要包括艺术家、导演、演员等跨界参与者。文艺界的共同努力才能让中国文学以绚丽的姿态走向世界,让中国文学成为世界文学。

第四节 琴棋书画文化外宣翻译障碍与对策

一、琴棋书画文化

琴棋书画文化涵盖音乐、棋艺、书法和绘画等,是中国传统文化的重要部分。琴棋书画起源于古代,历经数千年成为中华民族的文化符号和精神象征。琴棋书画不仅是艺术表现,更是生活哲学和人生智慧的体现,强调内在修养和人文精神,追求和谐、平衡与美感,反映了对自然、社会和人生的深刻理解。在现代社会中,琴棋书画仍具有重要价值,能培养人的审美和创造力,提高人的思维和决策能力,是中华文化传承和发展的重要载体。

二、琴棋书画文化外宣翻译的策略

琴棋书画是中国古代文化的瑰宝,体现了中华民族的深厚文化底蕴和独特的审美观念。在全球化的大背景下,将这些传统文化元素翻译成外文能让更多的人了解和欣赏显得尤为重要。

琴即中国的传统乐器——古琴，被誉为"东方钢琴"。它的音色悠扬，富有诗意，是古人抒发情感、表达志趣的重要工具。在翻译时需要充分考虑古琴的音色特点和文化内涵，如使用 ancient Chinese lute 或 Qin 等，采用恰当的译法让外国读者能够准确理解其文化背景和艺术价值。

棋主要说的是围棋，是中国特有的一种策略性棋类游戏。围棋蕴含丰富的哲学思想，如"阴阳调和""天人合一"等。在翻译时可以采用 Go 这一国际通用的术语，辅以解释性文字介绍围棋的起源、规则和文化内涵，帮助外国读者理解和欣赏这一游戏。

书即书法，是中国特有的一种艺术形式，以笔、墨、纸、砚为工具，通过书写汉字来表达情感和审美。在翻译时可以采用 calligraphy 这一术语，结合具体的书法作品进行解读，让外国读者感受到中国书法的独特魅力和文化内涵。

画即中国画，是中国传统绘画艺术的代表。中国画注重意境和气韵生动，以笔墨为表现手段，追求"形似"与"神似"的统一。在翻译时可以采用 Chinese painting 这一术语，结合具体的画作进行解读，让外国读者领略中国画所蕴含的哲学思想和审美观念。

三、琴棋书画文化外宣翻译实践：以"异语写作"视角下《傅山的世界》人名、碑帖名称和术语英译为例

中国书法是中华文化的重要载体，书法文本的外译是中国文化对外传播的重要渠道，而书法文本中的术语翻译是做好书法对外传播的重要前提。这里研究了 *Fu Shan's World*（《傅山的世界》）的人名、碑帖名称和术语翻译现象，结合我国书法学术文本的语言特色和对外传播的需要，提出书法术语翻译应遵循"异化为主、归化为辅"的翻译原则，采取直译加注释、增译等多种灵活的翻译方法，以期加强国际传播能力和对外话语体系建设，为未来的书法文本术语外译提供一定的思路和启发。

Fu Shan's World 全称 *The Transformation of Chinese Calligraphy in the Seventeenth Century*，是美籍华裔、中国艺术史学者白谦慎的耶鲁大学博士论文，其简体中文版《傅山的世界：十七世纪中国书法的嬗变》于 2006 年由生活·读书·新知三联书店出版发行。*Fu Shan's World* 通过明遗民书法家傅山这扇窗口，在时代背景下探讨了明清鼎革之际中国书法由传统帖学向碑学的嬗变。

中国书法是一门极富中华文化特色的艺术形式，它以汉字为载体，具现了儒释道(阴阳)哲学观等诸多文化观念,浓缩体现了中国文化的精神内核,是世界了解中国文化的重要媒介。做好中国书法文本的外译对于中国文化的世界传播有着重要意义。*Fu Shan's World* 英文原著中的部分内容是基于中文翻译写成的,是"异语写作"文本。

(一)"异语写作"的内涵与表现力

王宏印教授认为,"用一种外语描写本族文学场景的则可以称为'异语写作'"①。"异语写作"最初是针对林语堂旅居巴黎时用英文创作的小说 *Moment in Peking*(转译为中文后命名为《京华烟云》)这一个案提出的。就异语(该条特指英语)写作能否表达他国文化特别是他国独有文化这一问题,高巍、刘士聪给出肯定的回答,他们指出:"一种语言符号的能指及其不同的组合方式可以有效地表达本民族文化的所指,同样也就可以有效地表达异族文化的所指,只要作者或译者能够充分发挥这种语言的表达潜力"②。

异语写作有不少成功的案例。林语堂用英文创作的长篇小说 *Moment in Peking* 讲述了地道的中国故事和中国文化。就其海外传播而言,数据显示,在美国 60% 的联邦地区中都能找到该书,直至 1942 年,林语堂的影响力仍然经久不衰。1975 年,林语堂更是凭借《京华烟云》荣获诺贝尔文学奖提名。华裔作家裘小龙用英语创作的"侦探三部曲"(《红英之死》《石库门骊歌》和《外滩花园》)故事背景为改革开放时期的中国,反映了中国建筑、诗歌、道德、民俗等中国文化,裘小龙的系列作品在受到所在国家主流文化肯定的同时,发挥出巨大的文化影响力。以《京华烟云》和裘小龙"侦探三部曲"为代表的异语写作作品的成功有力地佐证了异语写作反映中国文化的巨大潜力,而因写作内容的特殊性,异语写成的文本不可避免地带有从本民族文化出发的翻译内容,这一特殊写作现象为翻译,尤其是独具中国文化特色内容的翻译带来一定的启发。

以上异语写作的文本之所以在英语世界取得成功,一定程度上得益于作者妥善处理中国文化符号给英语世界带来异质性和新鲜感。白谦慎

---

① 王宏印. 从"异语写作"到"无本回译"——关于创作与翻译的理论思考[J]. 上海翻译,2015(3):1-9.
② 高巍,刘士聪. 从 *Moment in Peking* 的写作对汉译英的启示看英语语言之于汉语文化的表现力[J]. 外语教学,2001(4):45-49.

的 *Fu Shan's World* 作为较为成功的异语写作案例,其书法术语的翻译处理具有一定的启发性和借鉴意义,值得深入研究和探讨。

(二)人名的翻译

Fu Shan's World 涉及中国书法史上众多人物,不仅文中直接讨论人物历史行为涉及人名,文中所引用的文段也不乏人名。通常情况下,古人的姓名均由姓和名两部分组成,不仅姓名组成方式和现代人并无二致,姓和名的功能也并无太大的差异。"姓,就是某一群人(氏族、家族)共用的名,名就是个人独用的姓。"因此,人名的翻译可以参考通行的国家标准进行翻译即可,本不应该构成问题,但实际考察中发现有两方面内容需要考虑。

一是人名本身的拼音问题。中国晚清时期,威妥玛式拼音法(Wade-Giles romanization)曾广泛使用,在此基础上建立的邮政拼音方案也使用了较长一段时间。在中国现行的汉语拼音方案推广之前,这两种拼音方式被广泛用于人名和地名,在国际上影响较大。例如,被誉为"书圣"的东晋书法家王羲之,在 web of science 搜索关键词可以发现一些国际期刊往年有部分使用 Wang Hsi-chih 的;不少国外书画展的网页介绍也是如此,如全球顶级古字画复制印刷出版社日本二玄社官网页面上王羲之的《快雪时晴帖》(影印本)介绍内容为 Wang Hsi-chih: K'uai-hsueh shih-ch'ing t'ieh (*Written after Snowfall*)。国际上存在对历史名人的人名翻译不统一的情况。

二是复杂的人物称谓问题。古人的称谓体系十分复杂,除了熟知的名、字、号,通常还可以用绰号、行辈、籍贯、郡望、官地、官职、谥号、斋号等来称呼,如柳宗元是河东人,故人称"柳河东",韩愈因其昌黎韩氏为唐代望族,故人称"韩昌黎"。采用不同的称谓来指称同一历史人物的做法古已有之,一方面凸显出作者深厚的人文底蕴,另一方面也是因行文所需。但是,从以往翻译实践中可以看出,我国古代名人的姓名翻译存在不统一、不规范等问题,而复杂的称谓传统更是给人名翻译增加了难度。

针对上述翻译问题,作者白谦慎的译文体现出明显的"异化为主"的翻译原则与之相适应的翻译方法。

首先,白谦慎在开篇明确指出,自己论文中所有拼音都统一使用现代汉语拼音,格式按照姓—名处理。对于书法界耳熟能详的名家采取仅音译的翻译方式,如王羲之的拼音为 Wang Xizhi,欧阳询为 Ouyang Xun,颜真卿为 Yan Zhenqing 等;对于一些读者可能不熟悉的人物,作者采取了现代汉语拼音音译+括号注释的翻译方法,如明代著名思想家、"公安派"代表人物袁宏道在英文原著中翻译为 Yuan Hongdao（a leading literary radical）,添加对人物基本情况的注释有利于读者了解该人物。

对于欧美国家而言,目前对中国人姓名的翻译方法还基本保持着"名在先,姓在后"的西方姓名书写规则,而方案较多采用威妥玛式拼音方案进行标注。白谦慎采用的"姓在前,名在后"的中国姓名书写规则,方案符合国家现行的《中国人名汉语拼音字母拼写规则》之规定:"正式的汉语人名由姓和名两部分组成。姓和名分写,姓在前,名在后,姓名之间用空格分开。"在姓名的翻译处理上,无论是拼音方案还是书写规则都体现了异化的特点。

针对复杂的称谓问题,作者采取的方法主要有两种:一是按照原文直译保留称谓,采取汉语拼音音译加方括号内注释人物姓名的翻译方法。例如:

  My calligraphy seems to continue in a direct line from Zhao Wenmin [Zhao Mengfu], except that mine is a little less polished, and Zi'ang's [Zhao Mengfu] skillfulness is not as good as my gracefulness. But I cannot write in large quantity. In this respect, I admit I cannot rival Wuxing[Zhao Mengfu].

  吾于书似可直接赵文敏,第少生耳。而子昂之熟,又不如吾有秀润之气,唯不能多书,以此让吴兴一筹。

这段话源自傅山自述,短短四十余字中三次提及赵孟頫并分别使用"文敏"(赵孟頫的谥号)、"子昂"(赵孟頫的字)和"吴兴"(赵孟頫是吴兴人,在今浙江湖州市)来指称,给不熟悉赵孟頫的读者造成理解上的困扰。因此,作者在翻译时在每个名称后用方括号予以注释,减少读者的阅读障碍的同时让读者一窥中国复杂的称谓体系,了解中国书法界对该人物的多种称呼,实现地道的阅读体验。

二是不保留称谓,直接还原原名并用现代汉语拼音音译加注释的翻译方法。例如:

（Fu Shan）wrote: I started to copy Zhong You①[A.D. 151—230] when I was eight or night years old but could not achieve a likeness.... Follow that, I practiced copying Yan Zhenqing's *Memorial Stele of the Yan Family Temple*...

（傅山）回忆道：吾八九岁即临元常，不似。……最后写鲁公《家庙》，略得其支离……

锺繇，字元常，三国时期曹魏著名书法家、政治家。颜真卿，唐代著名书法家，唐代宗时官至吏部尚书、太子太师，封鲁郡公，人称"颜鲁公"。傅山在此处分别用锺繇的字和颜真卿的封号指称，作者在翻译时没有保留原文的信息，采取了直接还原成对应的姓名拼音全称的翻译方式。

就姓名翻译而言，姓名"在翻译中的语音素材选择往往要凸显其标示性，而不是凸显其语义属性或注释性"。因此，*Fu Shan's World* 中对姓名的翻译采取通行的汉语拼音音译法加适当增译和注释是可取的，这样做有利于增强书学传播的连贯性和一致性，在传播过程中可以尽量避免国外读者产生困惑，从长远来看有利于中国书学的传播和形象的建立。同时，考虑到国际社会对既往书法界名人已有一定的认识，对于既往知识建立在威式拼音上的海外书法爱好者群体，为了避免他们的信息突然断层，也可以考虑使用现代汉语拼音音译，并在括号内备注其威式拼音和生卒年份或活跃时期等信息予以补充说明，以完整、准确、规范地向读者传递信息。需指出的一点是，人名翻译并不是原著探讨的重点，作者也非专业翻译人士，因此同一语篇内多种翻译尝试值得鼓励和肯定。不过，就其他书法文本翻译而言，还是提倡尽量做到规范性和统一性。

（三）碑帖名称的翻译

碑帖是碑和帖的合称，碑帖有别。简单而言，"碑"泛指石刻文字形式；"帖"原指书法家的墨迹真笔，书写材料常见的有竹简、木牍、帛书、纸张等；在后来的演变中，"碑"和"帖"逐渐演合成一词，泛指各种供学习书法取法的范本。我国传世碑帖众多，如现存年代最早并真实可信的西晋名家法帖《平复帖》、王羲之的《兰亭序》《快雪时晴帖》、颜真卿的《祭

---

① 锺繇的拼音存在一定争议。繇为多音字，有 [yáo][yóu][zhòu] 三种读音，通常情况下多念 [yáo]，如中国特色话语对外翻译标准化术语库里"锺繇传说"的翻译为 The Legend of Zhong Yao，但 [yóu] 据考证更可信。

侄文稿》、苏轼的《黄州寒食帖》、王羲之《孝女曹娥碑》、颜真卿《颜家庙碑》等，它们是我国书法艺术的重要载体。由于 Fu Shan's World 探讨的 17 世纪是中国书法由传统帖学向碑学转变的关键时期，文中不仅涉及大量的碑帖名称，还有金石学和印学的内容，本书在此仅重点探讨碑帖名称的翻译。

　　Fu Shan's World 文内主要涉及指称碑和帖两种形式的书法文本。碑和帖在古代有严格的区分，就最初文本来源而言，帖原是墨迹，后世为了方便学习和流传通常将其制成刻本、拓本等，也有部分真迹已佚，仅摹本存世；而碑最初目的通常是歌颂功德或者记事，通常由书法家先在碑上书丹，再由碑刻家刻石，后世多制成拓本便于观赏学习。对于碑帖名称，作者基本采取根据名称实际含义进行英译加括号内拼音注释的翻译原则，如赵孟頫的《湖州妙严寺记》Record of the Miaoyan Monastery in Huzhou（Huzhou Miaoyansi Ji），颜真卿的《争座位帖》Letter on the Controversy over Seating Protocal（Zhengzuowei Tie），六朝摩崖石刻《瘗鹤铭》Inscription for Burying a Crane（Yihe Ming），东汉碑刻《张迁碑》Memorial Stele of Zhang Qian（Zhang Qian Bei）等。部分碑帖是以局部内容来命名的，如晋代书法家陆机的《平复帖》因其信札内有"恐难平复"字样，故名。作者对于部分因局部内容得名又难以根据意思翻译的碑帖采取了拼音音译的方式，如王羲之《吾唯辨辨帖》Wu Wei Bianbian Tie，因有"吾唯辨辨"故名。

　　通过考察书法文本名称常见的如记、帖、铭、碑等的翻译方式，发现作者在翻译时有两方面处理手法值得肯定：

　　一是作者对于碑、帖、石刻等不同材质上的书法文本在译文中有意识地进行了区分，如 tie、ming 和 bei 等，此举有利于受众精准把握书法文本的来源，准确把握文化背景，便于进一步赏析书法文本特点；

　　二是以往部分书法有关著作中对于碑帖的翻译有许多值得商榷的地方，如 Chinese Calligraphy 一书中，译者将武则天《升仙太子碑》简单翻译成了 Tablet to Prince Shengxian。原碑由武则天亲自为刚竣工的升仙太子庙撰写，纪念周灵王太子晋在"缑山之巅乘白鹤升天而去"，译文简单的拼音直译不仅无法向读者传递有效信息，读者甚至可能误以为碑帖内容是歌颂一位名叫 Shengxian 的太子。反观 Fu Shan's World 根据碑帖名称尽量根据信息来进行增译的译法可以较好地传递原文背后的文化信息，最大限度地减少读者可能存在的阅读障碍。

(四)人名和碑帖名称翻译存在的问题

考察发现 *Fu Shan's World* 部分人名的翻译存在问题,主要体现在拼音的准确性上。例如,"Zhang Changshi's [Zhang Xu] Record of the Langguan Stone Pillar and Huaisu's Autobiography are described by Lugong [Yan Zhenqing] as follows..."张旭先后任左率府长史、金吾长史,因而被世人称为"张长史"。"长史"作为官职其正确的拼音应为 zhǎng shǐ,即此处翻译应为 Zhang Zhangshi。另一存在的问题是人名拼音在学界或许存在争议,如嵇康的"嵇"就有 ji 和 xi 的读音,上面翻译采用了 Xi Kang,但据考察发现,尽管各个方言中嵇姓的读音不同,xi 的读音主要存在于江苏和山东省,而嵇康是谯国铚县人(今安徽省濉溪县),故推断 ji 应该较为可信。历史名人姓名翻译不统一对于国外受众认识中国书法有较大影响,而书法历史名人又几乎是讨论必须涉及的重要内容,因此需要学界就此讨论,形成共识,便于中国书法海外传播。

此外,由于书法术语目前尚无统一标准,碑帖名称的翻译仅散见部分英译本和国内外研究论文,绝大多数碑帖名称都没有权威资料可供参考。对比主流译本发现,*Fu Shan's World* 文中碑帖名称应该多是由作者白谦慎自行翻译完成,其中有部分翻译值得商榷。例如,作者将《度尚帖》翻译成 *Dushang Tie*。历史上的度尚,字博平,是东汉时期名将、"八厨"之一,"度"乃其姓,因此直译应翻译成 *Du Shang Tie* 更为妥当。此外,作者前后对于碑帖翻译在格式上不完全统一,如《曹全碑》(*Memorial Stele of Cao Quan*)就没有像上文《张迁碑》等用括号备注拼音音译。

总体而言,作者在用异语写作的过程中对书学的人名和碑帖名称翻译处理进行了深入的思考,并结合其文化内涵采取了关键术语异化为主、归化为辅的翻译策略,通过音译加注释的翻译策略,最大程度上兼顾保留了中国书法的文化特色和实际传播效果。此外,*Fu Shan's World* 探讨重点和目标受众决定了这本学术著作有别于其他主要目的在于普及书法基本知识或专业探讨书法理论与审美的英译著作,讨论白谦慎的翻译行为时应该同时考虑到这一点。

中国书法是中华文化的重要载体,书学文本的外译是加强国际传播能力和对外话语体系建设的重要一环。明确书学文本的英译策略、原则和方法,确定书法术语的规范翻译方式,有利于解决当前书学文本英译存在的各种不规范和随意性,减少错译漏译,建立科学的书学文本翻译体系。针对中国书法艺术深厚的文化属性,结合我国当下大力倡导的提升对外话语体系建设,本书提出中国书学文本术语外译应该以异化为主,归化为辅,采取直译加注释的翻译方式处理人名和碑帖名称,希望能够为中国书学文本外提供些许启示和思路,促进外宣话语体系建设。

第八章

中国传统视听艺术外宣翻译的障碍与对策

　　自先秦时期起,古人就对天地万物及其运行规律展开了分析和思考。古人探索出的成果通过丰富的艺术形式存在于人们生活的方方面面,如建筑、文学、服饰等,本章对中国视听艺术形式展开分析,涉及古典戏剧、传统音乐以及经典影视文化,进而探究具体的翻译技巧,以更好地让中国戏剧、音乐、影视作品"走出去"。

第一节　古典戏剧文化外宣翻译障碍与对策

一、中国古典戏剧分析

戏剧作为一种独特的艺术形式，其结构状态在历史长河中不断演变与发展。从曲牌体至板腔体，每一阶段都凝聚了特定历史背景与地域环境所赋予的独特韵味。中国戏剧源远流长，承载着深厚的文化底蕴，历经千百年的沧桑岁月，在当代社会中仍占有一席之地。改革开放以来，我国政治、经济及文化发生了全面而深刻的变革。在这一背景下，戏剧所依存的文化生态环境亦发生了巨大变化，为其注入了新的生命力。然而，面对外来文化与新兴艺术形式的冲击，戏剧在当代社会中的发展面临着前所未有的挑战。尽管如此，戏剧艺术也抓住了这一变革的契机，实现了历史性的转折。

二、中国古典戏剧文化外宣翻译的方法

戏剧作为一种独特的文艺体裁，其核心特征在于其以舞台表演为最终目的。因此，在戏剧文学作品中，演员和观众与读者有着同等重要的地位。在对戏剧进行翻译时，译者应以演员的表演效果和观众的接受度为导向，确保戏剧在跨文化交流中的有效传达和接受。

（一）加词法

在戏剧翻译中，文后加注的方法往往不适用，而文内增译法则成为大多数戏剧翻译工作者的首选。文内增译法又称为"文内加词法"，是一种通过在译文中增加词或短语来补充源语文化内容的翻译技巧。这一方法主要受戏剧文本独有的语言特点和各国文化差异的影响。在戏剧文本中，剧作家常常会省略一些为源语观众熟识的环境信息，以避免冗长的描述。然而，这些省略对于目的语观众来说可能构成理解的障碍，译者需要在译

文中加入适当的语境信息,以帮助目的语观众更好地理解和欣赏戏剧。例如:

又无羊酒段匹,又无花红财礼。

(关汉卿《窦娥冤》)

He never sent you wedding gifts:
Sheep, wine, silk or money.①

(杨宪益、戴乃迭 译)

在中国古代文化中,"羊酒段匹"("段"通"缎")和"花红财礼"是男方家庭送给女方家庭的结婚聘礼,象征着男方对女方的尊重和诚意。对外国观众来说,由于缺乏对中国文化的了解,他们可能会对这些代表特殊习俗的词汇感到困惑。为了弥补这一文化信息的缺失,翻译家杨宪益和戴乃迭在翻译时巧妙地增译了 wedding gifts 两个词语,这样一来就可以让外国观众更加清晰地理解这些词所代表的含义和文化内涵。

(二)替代法

在戏剧翻译的过程中,具有强烈文化区域性特征的对白文字往往承载着丰富的文化信息,然而在译入语观众的认知结构中,这些文化元素可能缺失,使翻译工作变得尤为复杂。在这种情况下,译者可以巧妙地运用替代法。替代法是一种归化译法,它要求译者用本民族观众能够理解的事物或说法去替代异文化中特有的事物。通过这种方式,译者可以在保持原作精神的同时,确保译入语观众能够顺利理解并接受其中的文化内涵。在运用替代法时,译者需要充分考虑译入语观众的文化背景、认知结构以及审美习惯。例如:

Maryk: We crawled under the boilers and pulled out the lead ballast blocks, two hundred pounds apiece.

(赫尔曼沃克《哗变》)

玛瑞克:连锅炉底下都爬到了,把那些压船用的、每块九十公斤的铅块都搬出来。②

---

① 饶小志.《窦娥冤》在英语世界的翻译传播——以杨译本和时译本为例[D].长沙:湖南师范大学,2020:23.
② 王天晗.论戏剧翻译中"可表演性"原则——以英若诚《哗变》中译本为例[D].北京:中国地质大学,2021:19.

在人类历史的长河中,各个民族为了满足自身的生活和工作需要,形成了各自独特的度量衡制度,这些度量衡单位不仅是一种测量工具,更是文化和历史的见证。西方国家的人们习惯使用英里、英尺和英寸来衡量距离和长度,而中国的丈、尺、寸等度量单位承载着深厚的文化意蕴。当这些各具特色的度量衡单位出现在戏剧对话中,往往会给不同文化背景的观众带来理解上的困扰。为了使戏剧观众能够尽快理解话语的意义,采用替代法进行翻译,用观众熟悉的度量衡单位来替代原文中的度量衡单位,能够迅速消除文化差异带来的障碍,使观众更好地理解剧情和人物。

三、文化人类学视角下的民族戏剧外宣翻译实践

随着中国文化"走出去""讲好中国故事"的呼声日益高涨,越来越多的学者开始思考什么是中国故事,如何讲好中国故事。中华民族是由56个民族构建的大家庭,少数民族的文化亦是中国文化不可分割的一部分,其故事也有讲好的必要。

从全球化视野来看,文化本身既呈现出趋同的一面,又呈现出求异的一面。文化的趋同性和求异性如鸟之两翼、车之双轮,始终并行在一起,共同构筑了人类文化繁荣发展的大局面。这就决定了翻译过程中趋同性和求异性的共存,也就是说,在翻译过程中译者必须处理好文化翻译的同质性和异质性,合理取舍,一方面保留本国的异质文化,另一方面搭建不同国家互通的同质文化。只有这样,才能更好地输出中国故事,进而实现讲好中国故事的初衷。因此,要讲好中国故事,不能一味地追求同质文化,也不能一味地保留异质文化,而是要综合考虑中西方文化语境,从文化负载词本身出发,通过恰切选择翻译策略和方法,实现中国文化输出,达成中西方文化交流互通。

壮族作为人口最多的少数民族,其文化生生不息、历久弥新。2014年,周秀苗主编的《北路壮剧传统剧目精选》(壮汉英对照)(以下简称《北路壮剧》)由广西人民出版社出版发行。作为一部经典的壮族戏剧剧本,《北路壮剧》反映了壮族人民的生活样态中的文化、喜好和态度。《北路壮剧》包括的六个壮剧剧本(《太平春》《农家宝铁》《侬智高招兵》《蝶娆》《朱买臣》和《七女与龙子》)从不同角度反映了壮族人民的生活样貌,将壮族人民的社会观、婚恋观、道德观体现得淋漓尽致。

文化人类学作为人类学的一个分支,是一门以语言和文化为主要研究对象的人文学科。从文化人类学的角度出发,文化以符号为基础,文化最重要的符号是语言。语言作为一种符号,一方面表征着文化,另一方面也影响着文化。换言之,"语言符号=文化样态"。

词是语言符号的基本单位,语言中的文化负载词更是一个民族特有的文化现象,其翻译远远超出了语言层面的内容,更多涉及文化层面的内容。学者廖七一认为,文化负载词指的是标志某种文化中特有事物的词、词组和习语,它们反映了特定民族在漫长的历史进程中逐渐积累的有别于其他民族的独特的活动方式。文化负载词具有鲜明的地域特色,承载着独特的文化信息,映射着一个民族的历史积淀与文化样貌。因此,文化负载词的英译不仅要求译者能准确再现文中的文化特色和地域特色,还要实现从语言到文化的过渡,达到跨文化交流的目的。这在壮族戏剧文本的翻译中也不例外。

(一)《北路壮剧》文化负载词英译中的身份认知

《北路壮剧》以壮汉英三语对照为特色,其中壮族文字的呈现直接明了地展现了少数民族的语言样态,外国读者可以切身体验其独特的语言形式。在英译文本中,对一些壮族特色词保留了其原始形式,原汁原味地呈现了壮族的风土人情和风俗习惯,使读者能够近距离感受异族文化特色,但与此同时,译本中也有一些文化负载词在英译过程中丧失了原本承载的文化信息以及蕴含的文化特色。例如:

如果匪头来到,叫他到秀房见我。

If the mountain lord comes, ask him to the Xiufang (the girl's room).

上例中"秀房"的"秀"是通假字,通"绣",多用来指青年女子的居室。壮族文化中的秀房也就是闺房,专门用来指未婚女子的住所,是青春少女生活起居、研习诗书的地方。这里的秀房蕴含着丰富的民族文化,译文将其翻译为 Xiufang (the girl's room),通过音译加注的形式原汁原味呈现了秀房的含义。音译以异质的手段保留了源语的文化特色,引发西方读者对秀房这一物质文化负载词的兴趣,紧接着通过加注的方法向西方读者传达了秀房的核心内涵,实现了异质文化的保留和内容意义的传达,达成了语言符号到内容的动态对等,完成了壮族人民在住所文化上自我身份的构建。

哦！原来是这样，妹一定是饿了。家丁，拿个粽粑来给她。
Oh, Poor girl! You must be hungry. Bring her a zongba（zongba is a traditional Chinese rice-pudding）.

上例中的"粽粑"是壮族特有的饮食。正所谓一方水土养育一方人，壮族是一个传统的稻作民族，生活在中国典型的原生态稻作文化带，有着自己独特的糯食文化。壮人将粽子称为粽粑，壮人制作的粽粑花样繁多，根据不同的形状，粽粑也有了不同的名称，如孕妇粽、羊角粽、驼背粽等。"粽粑"不仅是一种简单的米制食物，其名字折射出壮族人民生活的地理环境和独特的饮食文化，译文通过音译加注的形式翻译，使这种独特的饮食文化信息得以保留下来、呈现出来。根据所处的语境，读者可通过前面的文字猜想到这里的"粽粑"是一种食物，至于具体是什么，单单音译是体现不出来的，这也引发西方读者对"粽粑"这种食物的探究。接着，通过括号加注的形式让读者了解到"粽粑"不仅是壮族的一种食物，还是一种以稻米为原材料的中国式布丁。这里的翻译实现了文字到文化的过渡，完成了壮族先民在饮食文化上自我身份的构建，是讲好中国故事的成功实践。

我不看热闹，无心听唢呐
I don't care about the lion dance, or about the suona music.

上例中的"唢呐"是中国一种传统的民族管弦乐器，形似喇叭。"唢呐"根据筒音的音高分为高音、中音和低音三种，通常是一种在婚丧仪式中吹奏的民间乐器。西方文化中是不存在这种乐器的，因此这里的"唢呐"是一个物质文化负载词。译文在翻译"唢呐"时采取音译加注的翻译方法，将其翻译为 suona music，sona 这一音译向外国读者输出了"唢呐"这一概念，又通过 music 传达出其性质是一种中国传统乐器，很好地展现了壮族的民族文化，完成了壮族先民在乐器文化上自我身份的构建。

《北路壮剧》作为收集记录壮民生活场景的戏剧文本，承载着丰富的文化信息。要实现《北路壮剧》英译中全方位身份认知的构建，讲好中国故事，译者理应自觉保持中国文化特色。同时，要实现中国文化在不同领域自我身份的构建，在文化负载词英译策略的选择上应主张"异化为主，归化为辅"，以保持民族性为首要任务，避免阉割自身文化以过度迎合西方读者的阅读期待。

第八章
中国传统视听艺术外宣翻译的障碍与对策

(二)《北路壮剧》文化负载词英译中的文化认同

壮剧不仅反映和承载着壮族人民的生活风貌和价值认同,更是中华优秀传统文化的组成部分,是中国故事的重要素材。要讲好中国故事,就要构建西方读者对中国文化在形式、规范和价值等方面的认同。在中国文化"走出去"的过程中,壮族特色作为中国文化的一部分理应得到保留,其戏剧文本中的相关内容在翻译时也应予注意,以打造中国的文化软实力。例如:

女儿啊,太阳都升起有几竿子高了,你也该起床啦!

My daughter, the sun has been three poles high and you need to get up.

上例出自《北路壮剧》第六个剧本《七女与龙子》第四场《刺绣》,是壮家汉子李进与妻子张氏的大女儿好吃懒做,不愿劳作,睡到晌午都不起床,其母张氏叫大女儿起床时说的话。这里"太阳都升起有几竿子高了"即汉语中的成语"日上三竿",出自《南齐书·天文志》,意思是太阳已经升得很高,时间不早了。这里译文采用直译,保留了原文日上三竿的文化含义,而没有意译成"It's too late."一方面,从西方读者的角度来说,当读到 the sun has been three poles high 时,即使有所疑惑,也可以立刻从下一句话 you need to get up 中进行情境联想,通过上下文的语境了解到这里"太阳升起几竿子高了"的含义,并且也可以通过这种异化的策略引起读者的阅读兴趣,使读者更加深入地探索壮族文化的魅力。另一方面,从中国文化"走出去"的角度来说,翻译过程中异质文化的保留有利于实现读者对壮族文化的认同,丰富西方读者对中国文化的多元认识,达到语言符号和文化样态的统一。

若是日后再犯错,天上雷公下来劈。

If I were to do anything evil in future, I'd be struck by the thunder.

上例出自《北路壮剧》第六个剧本《七女与龙子》第七场《还魂》,描写了李进的大女儿因妒忌妹妹七女的生活,将其推入池塘淹死。得救后的七女并没有报复大姐,而是以德报怨,原谅了大姐犯下的过错,为此大姐深受感动,以"天上雷公下来劈"立誓,决定痛改前非、重新做人。"天上雷公下来劈"同于《红楼梦》第六十八回中的"天打雷劈",常用来骂人或赌咒,比喻不得好死。译文采用直译的翻译方法,将其翻译为 "I'd be struck by the thunder." 保留了原文中雷公的意象,达到了语言符号和文化内涵的对等,再现了壮族戏剧的民俗性和文化性。

哦,远在天边,近在眼前。
Oh, right here is one.

上例中的"远在天边,近在眼前"出自《北路壮剧》第二个剧本《农家宝铁》第一场《求媒》,描写了梁生意得知壮族农家姑娘陈玉英秀外慧中、聪明伶俐,想和玉英姑娘结为连理,便去找媒公说媒,途中他来到梁生财的店里歇脚,两人交谈的过程中,梁生意询问梁生财有没有认识的媒公,这时梁生财以"远在天边,近在眼前"这句谚语作答。这里汉语采用了对仗的修辞手法,句式整齐、音韵和谐,富有节奏感和音韵美,增加了词语的表现力,增强了语句的韵律美。《北路壮剧》作为壮剧剧本,重在传唱抒情、传唱言志,而对仗的句式看起来整齐醒目,听起来铿锵有力,读起来朗朗上口,极其便于记忆传诵,是壮族人民喜闻乐见的演唱语言,是壮剧同样使用的修辞形式。这里译文运用意译的翻译方法,将原来对仗的语句简单处理成一个短句 right here is one,虽然做到了内容意义的传达,但是对仗的句式没能保留下来,没有实现语言符号和文化内涵的呼应,异质文化特色没能很好地体现出来。因此,从文化负载词之文化认同的角度来说,这里的翻译还有待进一步完善。

人有失手马有失足,恰好阿姹的父亲还没回来
Man makes mistakes, so do I. But Ah Cha's father happens to be not at home.

上例中的"人有失手马有失足"出自《北路壮剧》第四个剧本《蝶姹》第四场《陷害》,描写了阿姹的继母因为阿姹即将嫁给少爷成为官人的妻子,自己的亲生女儿阿平却没能得到少爷的青睐,使自己也没法成为官人的岳母而心生嫉恨,打算杀死阿姹时的心理活动。这里的"人有失手马有失足"作为文化负载词,表示人难免有犯错误的时候。

首先,该谚语遵循中国语言特有的对仗形式,运用字数相等、结构相同、意义对称的一对句子来表义。

其次,该句运用比拟的修辞手法,通过人失手、马失足这样一对意义一致的概念,将继母的心理活动描写出来,极具中国特色。译文则采用意译的翻译方法,对仗的修辞在译文中得到了保留,但是比拟的修辞格却未能呈现出来。从文化负载词塑造文化认同的角度来说,译文还有待进一

步实现语言符号和文化样态的对等。

(三)《北路壮剧》文化负载词英译中的共同体塑造

人类命运共同体是我国反复强调的关于人类社会的新理念,作为一种价值观,重在达成人类一致共同的认知,叙述人或物的社会存在及其群体性和世界性。共同体的概念在文化中的适用,《北路壮剧》中涉及各色各样的文化负载词,尽管大多数的文化负载词在西方世界找不到相对应的概念,形成了一种文化空缺,但是其中一些文化负载词还是能够在西方文化语境中找到相对应的概念,形成了中西方的文化共识,构建了中西方的文化共同体。这种共同体能够把中西方文化联系起来,促成中西方文化交融的局面。例如:

四角镶麒麟,非常的壮观。

Unicorns are spectacularly embedded at the four corners.

上例这句话出自《北路壮剧》第一个剧本《太平春》中的《赞新屋》部分,描写了通往房屋第四级台阶的装饰,展现了新屋的壮观别致。这里的"麒麟"是中国古代神话中的一种瑞兽。在中国文化的认知中,"麒麟"寓意丰富,既代表着多子多福的美好祈愿,又象征着吉祥如意、荣华富贵。"麒麟"作为一种祥瑞,寓意着即将在新屋开启美好的生活。译文运用意译的翻译方法将"麒麟"处理成 unicorn,即西方的独角兽,传说中一种神秘的生物,亦是一种祥瑞,代表着高贵、勇气、美好和纯洁。从这二者的象征意义来说,都代表了一种对美好生活的祈愿,都是一种祥瑞。在这种情况下,将中国文化中的"麒麟"等同于西方文化下的"独角兽",是一种具文化共同体意识的认知,是两种文化相互融合后达成的潜在共识。因此,对于中西方文化中能形成照应的文化内涵,应从文化共同体角度出发来翻译,构建中西方文化的共识。

夫妻相敬爱,名头赛官家。

We base our union on love, we'd be happier than Jove.

这句话出自《北路壮剧》第二个剧本《农家宝铁》第四场《对歌》,描写了壮族农家姑娘陈玉英以对歌的方式为自己寻找夫婿。这句话正是她和青年农民张爱田对歌时唱的山歌。这里的"官家"指朝廷、官府、公家,是对做官之人的尊称。这句话表达的内涵是只要夫妻相亲相爱,心往一处想、劲往一处使,那么就会过上幸福的生活,这种生活比做皇帝当官还要好。译文采用意译的翻译方法将"官家"翻译成 Jove,即朱庇特。朱庇特是罗马神话里统领神域和凡间的众神之王,也是罗马十二主神之首,拥有至高无上的权力。不管是"官家"还是"朱庇特",这里欲传达的思想都是夫妻的幸福生活赛过做官掌权。因此,译文从文化共同体角度出发,重在传达突出夫妻生活幸福,弱化权力带来的快乐的意涵,从而达成中西方读者对夫妻相亲相爱重要性的共同认知。

唯有狠心将妹子推下水塘,才好跟龙子成亲过快活日子,我也不再管什么三七二十一了。

I have to be ruthless to murder my sister, so that I can live with Dragon Prince. I'd hesitate no more.

上例中的"我也不再管什么三七二十一了"出自《北路壮剧》第四个剧本《蝶姹》第六场《遇害》,描写了李进的大女儿李莲因羡慕妹妹七女荣华富贵的生活,欲取而代之,进而谋划杀害七女时的心理活动。这里的"我也不再管什么三七二十一了"是一则由数字构成的俗语,其深层含义是"我不再犹豫了""我考虑不了那么多了"。这里译文采用意译的翻译方法,将其翻译成"I'd hesitate no more.",同样也是以英文中的俗语来对应,二者都表达了大姐李莲冥顽不灵,不再考虑事情的是非曲直,决定蛮干的心理。很明显,译文如果采用直译的翻译方法,既不成语法,也不成意义。从文化共同体角度入手,这里的翻译处理达成了语言和文化的对等,促进了中西方文化的交融。

从以上示例可以看出,在中国文化"走出去"的过程中,除了保留异质文化,增强自我主体文化的建构,对于中西方能够达成一致认同的文化,在壮族戏剧英译的过程中,可以构建中西文化交流的共同体,形成文化大局观。

从文化人类学角度出发,对《北路壮剧》中的文化负载词英译从身份认知、文化认同与共同体塑造三个维度进行解析,探究这些文化负载词中语言符号与文化样态之间的对等关系,可以发现:一方面,讲好中国故事中"好"的实现基于对中国自身特色文化的肯定和保留,在于传播过程中异质文化特色的建构,彰显对中国文化的身份认知和文化认同;另一方面,在世界文化融通的时代背景下,讲好中国故事还要做到文化互通,构建中西文化的共同体,让西方读者全方位、多角度领略中国文化的魅力,真正实现中国文化软实力的构建。

第二节 传统音乐文化外宣翻译障碍与对策

一、中国传统音乐文化

传统音乐是一种世代相传的音乐艺术形式,有着深厚的历史积淀和文化底蕴,其超越了简单娱乐的界限,成了一种地域、民族或其他族群的文化传统、价值观念和审美标准的代表。音乐形式中蕴含着多种元素,包括优美的旋律、独特的节奏、和谐的和声以及精湛的乐器演奏技巧。

中国传统音乐源远流长,历经数千年的沉淀和积累,形成了独特的音乐体系和艺术风格。这些音乐作品中蕴含着深厚的文化内涵和人文精神,反映了中华民族的历史、传统、风俗、情感等方面。

中国传统音乐的特点主要表现在以下几个方面:一是中国传统音乐的旋律优美动听,富有变化,常常采用五声音阶和七声音阶,旋律线条流畅,起伏跌宕,给人以美的享受;二是中国传统音乐的节奏丰富多变,有快板、慢板、流水板等多种节奏形式,这些节奏形式与旋律相结合,形成了独特的音乐风格;三是中国传统音乐的音色丰富多样,来自弦乐器、管乐器、打击乐器等多种乐器,每种乐器都有其独特的音色和演奏技巧,为音乐作品增添了丰富的色彩。

二、"三美"理论和诗歌翻译

"三美"理论的开创者应是鲁迅先生,他在《自文字至文章》一文中认为应该从意义、声韵以及形状这三个方面来学习中文。许渊冲先生根据这一看法,将他的诗歌翻译创作思想创造性地与这"三美"理论因素结合,由此产生了属于他的"三美"理论。他认为译诗应做到在一定程度上与原诗一样能够撼动读者的内心,引发读者的共情,这就叫"意美";译诗应有和原诗一样或相似的音韵标准,能够通过声音打动读者,这就叫"音美";译诗应尽可能与原诗在形式上相对应如句子长短、音节多少、对仗工拙等,这就叫"形美"。

(一)意美与诗歌翻译

要想实现意美,首先应该做到"意似",准确表达原文意思,不漏译、多译、误译。①在意美基础上,许渊冲提出了"风筝不断线"原则,"风筝"指"意美",线指"意似",只要译文不违背原文,"风筝"不偏离"线",那么增词、减词、换词都可以更好地传达"意美",使"风筝"飞得更高。②

(二)形美与诗歌翻译

许渊冲提到的"形美"主要指的是诗歌的结构能在形式上体现美感,表现为简练、对偶、整齐等。许渊冲在论中国诗歌的押韵时强调,要实现形美,文本翻译应该注意在结构上做到平行,③或是通过字面上的重复,以及音节重复和语素重复等。通过重复,整首诗歌看起来更加具有节奏感和戏剧性,并且整体音乐语言也会变得更加生动。

(三)音美与诗歌翻译

"音美"主要指音韵美,运用到古诗中即平仄相间,读起来有高低起伏、抑扬顿挫的音乐感;讲究音调和谐、节奏鲜明,朗朗上口。④

三、从"音美"视角来看中文歌曲英译

"三美"理论多运用于诗歌翻译,在诗歌翻译中"意美"占最重要位置,音美和形美则略微次之,但三者互为补充、共生共荣。诗歌与歌曲关系密切,歌曲是诗歌的变体,又在诗歌中汲取养分,歌曲与诗歌互相融合、互相

---

① 邓科.中国的歌曲翻译研究现状分析[J].当代音乐,2016(15):77-78,84.
② 陈梦亚,李凤萍.从三美论原则看"香奈儿"广告词汉译中美的再现[J].大众文艺,2019(20):184-186.
③ 吴凡.许渊冲"三美"论视角下的中国风流行歌曲译配研究[D].苏州:苏州大学,2018:6.
④ 陈韵如.浅析许渊冲"三美"翻译理论在中国古诗英译中的运用[J].英语广场,2020(2):6-7.

渗透、共同发展,能在诗歌、歌曲翻译中实现三美兼具则是最理想的情况。歌曲虽与诗歌关系密切,但二者最大区别是歌曲需要配乐演唱,它在原本诗歌"可读性"的基础上又增加了一个"可唱性"。歌曲最先吸引人的往往是韵律节奏和曲调,其次是歌词中所蕴含的意义以及所呈现出来的形式。因此,在理论选择时,"三美"理论中的"音美"是最符合歌曲翻译的,应该排在首选位置。如何在歌曲翻译中保留原歌曲中的韵律、节奏等因素,使译曲能在听音方面具有美感,是译者在翻译时需要认真思考的问题。

(一)注重歌词押韵

押韵是指一个单词与另一个单词以相同发音或者以相似的发音结尾。押韵一般出现在句子的开头或是结尾,即头韵和尾韵。押韵可使文章或歌曲在朗诵或咏唱时产生铿锵和谐之感,以此增强文学魅力和音乐效果。

(二)音韵节奏一致

节奏是指一系列有规则的声音或者动作。节奏在歌曲的整体美学效果中起着非常重要的作用,传达歌曲中的"音美"不仅需要考虑押韵和重复,还需要翻译原歌曲的节奏。[①] 歌曲中节奏是和音符紧密相关的,是在配音过程中确定的,它与歌词中的音符和单词的数量有关。因此,在歌曲翻译过程中,英文音节最好能和每一个中文汉字相对应,使歌唱时译曲的总体节奏能大致上和原曲节奏相对应。

---

① 黄文苑. 由许渊冲"三美"理论看诗句的英译 [J]. 作家天地,2020(16):27-28.

第九章

中国经典影视文化外宣翻译的障碍与对策

  电影有别于文学、戏剧、音乐、建筑、雕塑、绘画、舞蹈,是世界的第八艺术,是光和影的艺术。电影艺术诞生于法国,在中国也得到蓬勃发展。
  中国经典影视文化的外宣翻译主要是指对影视字幕的翻译。李运兴教授在提到字幕的功能及文体特点时指出:"字幕是闪现在屏幕上的文字,一现即逝,不像书本上的文字,可供读者前后参照。"[①] 鉴于影视作品的特点,为使观众跨越语言障碍,在短时间内更好地理解情节,译者就需要采取一定的策略在有限的时间内将影片中的信息有效传递给观众,使其语言做到通俗易懂。

[①] 李运兴. 字幕翻译的策略 [J]. 中国翻译,2001(4): 38-40.

第九章
中国经典影视文化外宣翻译的障碍与对策

第一节　字幕翻译的特点和基本策略

一、字幕翻译具有时间限制性和空间限制性两大特点

时间限制性指的是字幕显示的时间短。与书面作品不同,书面作品读者可以反复观看,而影视剧的字幕随画面一闪而过,字幕的显示时间应与画面中人物的讲话速度同步。翻译过《霸王别姬》《一代宗师》《英雄》的澳大利亚汉学家、翻译家 Linda Jaivin 接受访问时说过"字幕必须短。一般字幕的出现时间是 2～7 秒,因此一行字幕不能超过 42 个字符,否则一边看电影一边看字幕就难以跟上"[1]。虽然有时观众并不一定在影院观看电影,可以按下暂停键或后退键观看,但这样做十分影响观影体验,从译者、观众、片方的角度来说,都不提倡这样的行为。

空间限制性也是字幕翻译的另一特点,指的是字幕占据屏幕上的字符少。字幕大多只占据一行空间,偶尔也会有两行的情况,宽度不要大于画面四分之三,应尽量保持语义的完整通顺。中文常常言简意赅,一句话中包含的信息很多,在汉译英时,如果翻译出的字幕占据屏幕的空间过大,观众来不及看完所有的字幕内容,会影响对剧情的理解,导致观感不良。

李运兴教授对此提出"汉英两种语言的差异,给译者提出了更大的挑战。汉语一字一音,不论时间和空间都比英语来得节省、简约"[2]。字幕的最大功能就是传递信息,因此译者在翻译时应该注意取舍,灵活转换,争取做到最优翻译。

二、字幕翻译的明晰化策略

明晰化(explicitation),又译外显化、明朗化、明示等,指的是目标文

---

[1] 金海娜.从《霸王别姬》到《一代宗师》——电影译者 LindaJaivin 访谈录 [J]. 中国翻译,2013(4):65-67.
[2] 李运兴.字幕翻译的策略 [J]. 中国翻译,2001(4):38-40.

本以更明显的形式表述源文本的信息,需要译者在翻译过程中增添解释性短语或添加连接词等来增强译本的逻辑性和易解性。明晰化主要涉及省略、增补、替换、阐释,具体方法包括增加额外的解释、直接表达出原作暗含的意思、添加逻辑连词等。明晰化的译作由于补充、阐释出了原作暗含的信息,因而常常比原作逻辑关系更清楚、更容易理解。后来其他学者对此进行了更深入的研究,认为明晰化"不应只是狭义的语言衔接形式上的变化,还应包括意义上的明晰化转换,即在译文中增添有助于译文读者理解的明晰化表达,或者说将原文隐含信息明晰化于译文,使意义更明确,逻辑更清楚"[1]。

在明晰化翻译策略的指导下,目的语读者能更加清楚准确地把握原文信息。由于字幕播放展现时存在时间与空间上的限制,想要兼顾字幕简洁与信息传递,使观众能够快速明白台词含义,从而理解剧情,使用明晰化翻译策略是字幕翻译工作者的必要选项。

三、字幕翻译的层次转换

层次转换是指对处于一个语言层次上的原语单位,具有处于目的语不同语言层次等值成分的翻译。也就是说,翻译目的语中不存在与原语言对等的表达形式时,需要发生词汇、语法层次的转换,主要是指语法到词汇或者词汇到语法的转换。以下例子均取自电影《中国机长》:

我三天了。
This is my third.

你腰伤刚好。
Your back pain just got better.

前例中译者将"我三天了"译为"This is my third."实现了情境到词汇的转换。中文是意合性语言,不在固定情境下的话,"我三天了"无法准确理解。而"我三天了"在中文中可以称为一个小短句,但英文是形合性语言,要求主语谓语结构全面才可成句。翻译过程中,译者将其译为 This is my third(第三天),这样既实现与上文的紧密联合,又符合英文的句式结构,使目的语观众加深理解。

---

[1] 柯飞. 翻译中的隐和显[J]. 外语教学与研究, 2005 (4): 303-307.

汉语中没有时态和语态之分,英文又注重时态与语态。在后例中,"你腰伤刚好"表示的是过去的动作状态,将其译为英文时选择了过去时态,这样符合目标受众的阅读习惯,观众也会理解这些事是发生在过去的。

四、字幕翻译的范畴转换策略

范畴转换分为结构转换、类别转换、单位转换、内部体系转换。结构转换包括语态的转换、中英文肯定和否定的转换。例如:

你怎么这么早就打电话?

Stop calling me so early.

注意点儿。

Take care and don't hurt yourself.

前例发生的情境是一位乘客在清晨接到电话时所说的一句话,表达出了不耐烦,以及反问的语气。译者将其译为 stop doing sth.,实现了中英文肯定和否定的转换,但源语和目的语的语气没有发生变化。如果直译为 "Why calling me so early?" 则表达不出原来的语气。转换后结构虽发生变化,但可以使目的语观众更好地理解源语所想表达的情感。

后例英译过程中发生了中英文肯定和否定的转换。该句发生的情境是乘务长对其中一名乘务员表达关心时所说的话,英译后,也就是 take care of yourself,须再加上 don't hurt yourself 否定的后半句,增强其语气,表达出了乘务长的关心很强烈,这样可以让目的语观众对乘客与机务人员间的互相关心加深理解。再如:

男:我喜欢你。I like you.

女:可我不能说话。I'm mute.

男:我也一样会喜欢你。That doesn't change anything.

上例是在飞机失事危急关头,一位男乘客向一名不能说话的女乘客表达内心的倾慕时发生的对话。男乘客向女乘客表达了自己心中的爱意,但女乘客表示自己不能说话,男乘客回答说"我也一样会喜欢你"。男乘客表达的意思是,不会说话没关系,不会影响喜欢这件事,如果直译为"I like you, too." 目的语观众可能会产生疑问。这时英译时进行一个结构的转换,肯定转换为否定,"那并不能改变任何事情",这样符合目的语观众的语言思维,便于理解。

类别转换,即词类转换。由于中文是动态性语言,英文是静态性语言,故在翻译过程中会出现词类发生变化,或许是名词转换为动词、动词转换成名词等,这样也可以打破源语的语言结构,重新组合目的语的结构,使译文通顺、流畅,避免"翻译腔"。例如:

今天7点到9点,这个强对流云团将会对该区域的航路产生比较大的影响。

Between 7 to 9 o'clock, these clouds will affect planes passing through the area.

在上例中,"影响"一词在中文中是多词类词语,可作名词,也可作动词。但在上例句中,可分析得到"影响"一词为名词,而在译语中译为了动词。名词译为动词,这样更符合目的语观众的语言习惯。

请相信我们,我们受过专业的训练。

Please trust us, we are trained professionals.

上例中,译者打破源语句法结构,重新组合构成新的语言结构,将"我们受过专业的训练"译成"我们是受过训练的专业人员",英文语言注重形合,如此一来就符合了这一语言特点,也更加符合目的语观众的阅读习惯。

单位转换指在翻译过程中将句子转换为短语,短语转换为单词,反之亦然。例如:

不说话。

You don't need to say anything.

在上例中,译者将"不说话"短句译为长句 You don't need to say anything,实现短语转换为句子的单位转换。中文句式多用短句,短小精悍,但英文多用长句,因此在汉译英时,英语须用长句,增添连词、介词或短句解释才能完全表达中文短句的意思。这样处理既符合英文的句式结构,又符合目的语观众的语言习惯。

内部体系转换指的是"结构相似,但词非对应"。在翻译过程中,源语和目的语的结构大致相同时,由于英汉语言的文化背景、理解思维等不同,会引入目的语的相对应词,以求翻译的准确性,这时候翻译的内部体系转换就发生了。例如:

如意吉祥。

Blessings and good luck.

一个端茶倒水的,哪来的自信?

Nothing but a waitress, what makes you so special?

前例中译者把"如意吉祥"译成了 Blessings and good luck,最大限度地运用了英文中与源语最相似的词汇,表达了源语想要表达的意思。后例中,"一个端茶倒水的"译为 Nothing but a waitress。在中文中,由于历史文化原因,古代王公贵族家中均会有丫鬟等奴仆,这些人就会为主家做"端茶倒水"的活计,虽然现在已经不是阶级社会,但不免有些人还是会有这样的潜意识,认为"端茶倒水"的活计是不太体面的下等人的工作。在译文中,Nothing but a waitress 更符合英文的结构,这样进行内部转换可以传达出原文的意思,让目的语观众加深理解。

第二节 武侠影视的多层面翻译

武侠文化是博大精深的中华文化的重要组成部分。武侠文化以侠客为主角,以侠义精神和武术功夫为核心,通常讲述了锄强扶弱、匡扶正义的故事,宣扬侠客精神,呈现中国文化特色。武侠文化中的侠客们所代表的英雄形象影响了无数华人,由武侠小说改编的影视剧作品也深受大众喜爱。

一、语义层面

武侠影视剧中包含了许多武侠文化中特有的词汇、习语,这些词语不同于其他类型的影片,它们内涵丰富,具有特色,翻译时不可只译出字面意义,其中隐含的实际意义更为重要。例如"爽快""豪放":

不像那些酸臭文人,

性格和我们一样爽快,

喜欢和兄弟们在一起。

You are unlike those pedantic men of letters,

>You are as easy-going as we are,
>Love making friends with us.

>他行事豪放。
>He's a bluff man.①

在武侠影视剧中，出现的"大侠"形象往往是正面的，他们豪放不羁、不拘小节，大口喝酒、大口吃肉，常常路见不平，拔刀相助。大侠都是身怀绝技、有勇有谋、大公无私的武林高手，常常游走于江湖中，锄强扶弱，惩凶除恶，与读书人、文人的形象大为不同。在英文中，"爽快""豪放"没有直接对应的词语，那么译者在翻译过程中就应该根据语境选择合适的词语，传达出相应信息。"爽快"，在中文中通常指的是直爽、痛快的意思，但有时也用于形容某个人不忸怩做作，落落大方。在前例中，这句话是对主人公袁天罡的评价，袁天罡身为官员，不摆架子，喜欢和士兵们说说笑笑。在提到"爽快"一词后，下文又补充到"喜欢和兄弟们在一起"，说明这个人物性格随和，在这样的语境下，译者可以选择 easy-going 一词。在后例中，"豪放"一词意思是雄豪奔放，指气魄大而不拘小节，也指处理事情果断有魄力。若直译的话可能译为 bold and unconstrained，似乎有些贬义。在武侠影视剧中，人物性格虽随意不羁、大大咧咧，但并非一个性格缺点，bold 更侧重鲁莽之义，与原文意义不符，因此译为 bold and unconstrained 不太可取。bluff 一词形容人或态度直率豪爽的（但有时不顾及别人），更能体现大侠性格直接、爽快有时又容易得罪人的特点，塑造立体多面的人物形象。

>长他们志气，灭我们威风。
>Why do you speak highly of them, and discourage us?②

这句话的语境是主人公带领的镖队遇到了另外一支队伍，他向队友赞扬了对方的优点，队友在不屑地回应。中医药古籍《黄帝内经》提到人体有三宝：精、气、神。气，精足则气充，气充则神旺；反之，气弱则神伤。"气"也是中国的古人对自然界一切现象本原的高度概括，"气者，人之根本也。"这个"气"也可以是一个人或一支队伍的士气、志气。志气，意指积极上进或做成某事的决心和勇气；威风，指使人敬畏的气派或声势。这两个词语如果选择直译的话，找不到意义相等的词语，因此不如直接将

---

① 刘一村. 中国武侠的魅力 [J]. 今日中国，2021（10）：75-77.
② 同①.

这句话解释出来,即赞扬对方,贬低自己。并且,discourage 一词本身有"使……灰心,使泄气"的意思。这样一来,"长"与"灭"这两个动词就可以省略了。

好大的官威啊!

What a condescending attitude (from authority)! ①

在武侠小说中,与"侠"相对应的,除了柔弱的文人形象,还有"官"。"官"的形象往往是鱼肉百姓的贪官污吏,侠义人士的出现,也正是因为官场黑暗,百姓疾苦。武侠小说之所以吸引读者,就是里面有着快意恩仇的江湖故事。江湖侠客锄暴安良,匡扶正义,不为世俗所约束。从某种程度上来说,他们就是和官府发生冲突的劲敌。自然而然,"官威"在译入语词语的选择上应该带有一些贬义的感情色彩。"好大的官威"指的就是当权者傲慢、居高临下的态度,直译的话是不可取的。condescending 意为带着优越感的、居高临下的(含贬义),该词恰好体现出了感情色彩。

二、语法层面

中英文在语法层面有着很大的不同,许多在源语观众看来习以为常的话语,在译入语观众看来并不好理解。因此,在语法层面使用明晰化策略也是必须的。例如:

你突然从后面出现,

英雄救美。

这女人啊就喜欢这一套。

You suddenly appear from behind.

So you can save the beauty.

Because women all like this kind of thing.②

尤金·奈达曾经说过,"从语言学角度来说,英、汉语两种语言之间最重要的区别特征莫过于意合与形合的区分。"③ 意合和形合是语言表现法。所谓"形合",是指借助语言形式手段(包括词汇手段和形态手段)实现词语或句子的连接,如关联词"因为……,所以……""虽然……,

---

① 刘一村. 中国武侠的魅力 [J]. 今日中国,2021(10):75-77.
② 同①.
③ NIDA E A. Translating Meaning [M]. California:English Language Institute,1982:156.

但是……";意合指的是不借助语言形式手段而借助词语或句子所含意义的逻辑联系来实现词语或句子的连接,如"今天下雨了,我不去学校。"其中的隐含的逻辑关系就是"(因为)今天下雨了,(所以)我不去学校。"

上例中的语境是他人给男主角出主意追求暗恋对象,这几句台词是典型的中文句子,短句较多,句式松散。第二句话的"英雄救美"是第一句话的"你突然从后面出现"的原因,第三句话的"这女人啊就喜欢这一套"是第二句话的"英雄救美"的原因。译者应该分别补译出 so 和 because,点明这两句话中的上下逻辑关系,否则会使译入语观众感到不解。

信不信我毒死你们!
If you do that, I'll poison you to death![1]

同样,如果直译为 Believe it or not, I will poison you to death! 那么原文中的威胁语气与逻辑关系都体现不出来,这句话的意思是:"(你)信不信,(如果你这样做的话,)我(就会)毒死你们!"因此,译者应该分析出这层暗含的逻辑关系,补出关联词,使字幕更好地体现逻辑,传达意思。

三、语境层面

语言表达离不开特定的语境,语境影响着人们对语言的理解与运用。目标语语境中的读者可能对源语语境中读者所拥有的普通常识不甚了解,所以需要以明晰化的方式呈现给读者。通过语境明晰化,将源语言中浓缩的文化信息传达给译入语观众,进而消除观众在阅读中因语境差异产生的疑惑。

到时候不杀你,就对不起手中这把刀了。
Or else, I will definitely kill you.[2]

该句台词出现的语境是,男主角吩咐随从办事,并且以随从的性命要挟,命令他必须完成任务。该例中的"就对不起手中这把刀了"的意思是"不杀你,(我)为何还要拿着这把刀呢",其中"对不起"三个字的意思是有愧于人、辜负,但绝不可将其译为 be sorry for this knife,这样的机械翻译不能正确传达原文意义,还会影响观众观影体验。翻译时应当解释

---

[1] 柯飞. 翻译中的隐和显 [J]. 外语教学与研究, 2005 (4): 303-307.
[2] 李运兴. 字幕翻译的策略 [J]. 中国翻译, 2001 (4): 38-40.

出这句台词的实际意义,以达到与源语语言含义相似的效果,即"I will definitely kill you."(我一定会杀了你)。

这成何体统?

Why did this happen?①

"体统"指体制、格局、规矩等。"成何体统"的意思是"(这)成什么规矩,像什么样子",多用于指责不正确的言行。当说出这句话时,说话人的潜台词是"为什么会发生这样的事",并且含有责备的语气。在翻译时,可以省略"体统"二字,直接表达出整句话意思,使暗含信息明晰化。

瞧我这脑子。

You know I have a poor memory.②

俚语是指民间非正式、较口语化的语句,是百姓在日常生活中总结出来的通俗易懂而顺口的话语。中文中有一些约定俗成的俚语表达,如"兜圈子""给你点颜色看看""林子大了,什么鸟都有"等,每个俚语都有各自隐含的意思,在翻译时要结合语境进行翻译。该例中的"脑子"代指记忆力,这句话的隐含意思是"我的记忆力不好",因此应译为 poor memory。

四、文化层面

武侠文化是中国独有的文化,底蕴丰厚,其中蕴含了历史记忆、家国情怀、中华传统、语言现象等内容,通过影视字幕展现十足的文化底蕴,例如:

明前茶

It's the tea picked before Tomb-sweeping Day.③

翻译不仅是语言文字方面的转换,译者还必须考虑文化差异带来的问题。明前茶是指清明节(人们往往在此时扫墓)前采制的茶叶,是一年之中品质最佳的茶叶。由于字幕具有即时和无声的特点,因此一些原文中没有的信息需要通过增补的方式加在字幕当中,以保证观众的理解效果。在翻译这类带有文化背景的词语时,译者在翻译过程中应补出文化信息,使暗含信息明晰化。

---

① 李运兴.字幕翻译的策略[J].中国翻译,2001(4):38-40.
② 刘一村.中国武侠的魅力[J].今日中国,2021(10):75-77.
③ 柯飞.翻译中的隐和显[J].外语教学与研究,2005(4):303-307.

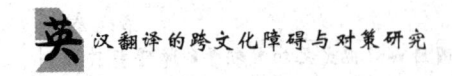

你这是助纣为虐。

You're helping the evil.[①]

在字幕翻译时,有些表达是源语所特有的,译入语观众无法或无须理解,可以采用替代法,保证译文简洁明了。"助纣为虐"出自西汉司马迁《史记·留侯世家》。纣是商朝末代君主,是明代神魔小说《封神演义》之中的反面人物,是残暴无道、昏庸荒淫、沉迷酒色的恶君。"助纣为虐"指的是帮助纣王作恶,现在用来比喻帮助恶人做坏事。翻译字幕时,若按照字面意思把"助纣为虐"翻译为"You're helping the emperor Zhou do bad things."这样的翻译会无故增加了影片中没有的人物,导致观众产生疑问,不利于表义连贯。因此,不如用寓意相同、观众熟悉的英语词语来进行替代,将"纣王"翻译为 the evil,直接点明信息意义,即"纣王"是个反面形象,有助于观众理解。

好强的剑气。

Excellent Kungfu.[②]

在武侠文化中,刀光剑影的江湖里,武功招式是不可或缺的,江湖侠客使用的兵器也各有不同,刀枪棍棒各有特点。剑气指剑的光芒,也引申为人的才华和才气。"好强的剑气"这句话并不是真的在说"气",而是在表达对剑术武功的赞扬。在字幕的翻译过程中不应该追求盲目对等,更重要的是让译入语观众明白信息、了解意义,因此省略"剑气"的翻译,转而翻译为 Excellent Kungfu。

"侠之大者,为国为民",侠客精神让人们对武侠剧念念不忘、情有独钟之余,也在向世界展现着中国武侠的魅力[③],由武侠小说改编而来的影视剧作品不仅有供大众观赏的功能,还肩负着传播中华优秀传统文化的责任。在这个过程中,中英字幕翻译扮演着极其重要的角色,如何做好中英字幕翻译值得深究。

从以上案例分析中可以看出,在进行字幕翻译时不仅需要对源语和译入语文化及语言特点有充分了解,还要结合电影字幕的特点,将翻译明晰化策略运用到电影字幕翻译中,使译入语观众更好地理解剧情,增强译文的逻辑性和感染力,给观众以更好的观影感受,从而达到促进文化交流与传播的目的,向世界展现中国武侠的魅力。

---

① 刘一村.中国武侠的魅力[J].今日中国,2021(10):75-77.
② 同①.
③ 同①.

第三节　主旋律影视的多视角翻译

传统的翻译学主要聚焦的是翻译标准的制定、翻译策略的使用、语言结构的对等方面的问题,其中前两个问题的争论占据了自翻译形式以来的大半历史。不过,在进入20世纪下半叶以后,西方翻译界被接连注入了新鲜血液,研究者从不同领域切入到翻译研究中来,使翻译研究实现了从"语言研究"到"文化转向"的跨维度转变。[①]其中的杰出代表之一就是勒菲弗尔,他在佐哈尔的多元系统理论[②]的基础上提出了折射理论,最终发展出了翻译的改写理论。[③]

将翻译置于广阔的社会文化语境中进行考察,他认为有三种因素会对翻译产生制约,分别是赞助人、意识形态和主流诗学。在他看来,任何翻译都意味着改写,译者会受到特定文化背景下赞助人、意识形态和主流诗学的操控。这一认知带来的一个显著变化就是原文神圣地位的颠覆,勒菲弗尔将译文的地位提升到与原文相同的地位。[④]如今,改写理论被广泛应用于对各种翻译现象的分析,电影的字幕翻译就是其中之一。

《我和我的祖国》是由宁浩、管虎和徐峥等7位导演执导的为庆祝新中国成立70周年的献礼片,通过《前夜》《相遇》《夺冠》《回归》《北京你好》《白昼流星》和《护航》这七个单元,从普通人的视角来呈现我国自成立以来的具有重大意义的历史性瞬间。该片星光璀璨,有众多实力派演员加盟,且剧情的情感渲染力强大,是当年卖座的电影之一。作为一部经典且吸引眼球的电影,其电影字幕值得我们细细品味,下面将从改写理论的意识形态和诗学视角来探究该影片译者具体采用了什么样的翻译策略。

---

① 刘军平.西方翻译理论通史[M].武汉:武汉大学出版社,2009:3.
② 赵会珍,王晓东.翻译学中的系统论对比研究——以佐哈尔多元系统理论与卢曼社会系统论为例[J].现代英语,2020(3):71-73.
③ 周海云.安德烈·勒菲弗尔翻译思想研究[J].作家天地,2023(25):123-125.
④ 万莉.译者主体性论析——从奈达的"功能对等"理论到勒贵弗尔的改写理论[J].东北师大学报(哲学社会科学版),2011(3):260-261.

一、意识形态视角下的《我和我的祖国》电影字幕

意识形态是哲学领域的概念,它一般指特定地理环境和文化背景下的人对于世界和社会的系统的看法和见解,如政治、道德、宗教和艺术,且人的意识形态受思维能力、环境、信息(教育、宣传)、价值取向等因素影响,不同的意识形态中对同一种事物的理解、认知也不同。下面从具体的字幕实例来分析意识形态对《我和我的祖国》翻译的影响。

我跟你讲,我们铁榔头啪的一个扣球把那海曼(鳗)打得跟条带鱼似的。

Our Iron Hammer's powerful strikes will wipe the floor with Hyman, I'm telling you.

这句话出自电影的第三个故事,一位老大爷在跟邻居看女排比赛间隙与同伴聊天时非常自信地说出来这句话。原句诙谐搞笑,不仅体现出了我国人民对郎平排球实力的认可和崇拜,还体现出了他们对美国队员的不屑和其落下风的"幸灾乐祸",富有市井气息。然而,译者在对应的译文中仅使用了 wipe the floor with 的结构来表现对手海曼的惨败,并没有把"打得跟条带鱼似的"翻译出来。仔细分析可以知道,译者这样的处理是出于对意识形态的考虑,因为"打得跟条带鱼似的"明显带有曲解其名的嘲讽意味。而像《我和我的祖国》这样的主旋律电影在对外传播时应尤其注重对翻译的把控,以维护国家和人民的形象。如果将"打得跟条带鱼似的"忠实地再现于海外受众,会让他们对中国人产生心胸狭隘的偏颇印象,而这与我们一直呈现的中国人民胸怀宽广、友爱睦邻的形象是相悖的,因此译者在此处进行了改写。

请领导放心,香港回归是中华民族雪耻的见证。

Trust me sir, the return of Hong Kong marks the end of China's humiliation.

原句出自电影的《回归》单元,体现了人们对香港回归的势在必得以及维护国家领土完整、洗去屈辱历史的强烈渴望。译者在翻译这句话时,并没有将"是中华民族雪耻的见证"直译为 is the witness of getting revenge/wiping out a humiliation,而是将其灵活地处理为 marks the end of China's humiliation。二者相较,明显后者 mark the end 的改写更能体现出我国人民对于香港回归的坚定态度以及对祖国强大国力的肯定,语

第九章 中国经典影视文化外宣翻译的障碍与对策

气上更加铿锵有力,向目标语受众展现出了昂扬自信、不退缩的良好的国人形象。

好好练,完成任务,我发一个媳妇给你。

Practice hard and do the job well, I will get you a girlfriend if you do.

此句同样出自《回归》单元,是负责升旗仪式的领导为鼓励旗手在香港回归仪式上顺利完成升旗时说的话。乍一看,其翻译仿佛并没有什么探究的必要,但是仔细观察的话会发现,译者将原句中的"媳妇"翻译成了 girlfriend。在中文的表达里,"媳妇"一般是指的是"老婆"或者"妻子",但是随着近些年来国内对两性关系的愈加包容和婚姻恋爱认知体系的变迁,"媳妇"还有了丰富的引申义,即"女朋友"这一交往对象。若译者直接将"媳妇"译为 wife,熟悉中文的读者基本上不会出现理解错误的现象;不过,在西方的表达里,wife 和 girlfriend 是存在明显区别的,若将"媳妇"直译为 wife,西方受众可能会产生"为什么领导和上司直接为下属安排老婆"这种不符合恋爱婚姻自由价值观的疑惑,因此译者此处的处理是很到位和细致的。

平常你跟个假小子似的,现在跟我这装姑娘啦。

You always acts so tough and now you're being a baby.

此句出自电影的最后一个单元《护航》。仔细对比原文和译文,可以发现其明显的改写痕迹,原文中的"跟个假小子似的"被译为 acts so tough,而"装姑娘"被译为 being a baby,其变动之大值得令人深思。中文中的"假小子"是形容性格或外形偏向男生的女生,称呼女生为"假小子"一般都带有贬的意味,因为在传统的中国认知里,"男生就该有男生的样子,女生就该有女生的样子",二者是泾渭分明的,女生通常是恬静的、举止端庄的,而"装姑娘",则歧视意味更浓,因为其传达出了"女生意味着柔弱"这种不符合新时代观念的落伍认知。在全世界尤其是西方越来越推崇女权、向往女性力量的大潮流下,如果将原文中的"假小子"和"装姑娘"忠实地再现出来的话,可能会让国外受众产生中国不尊重女性、思想保守落伍这样的错误认知,因此译者在处理这句话时只传达出其主要含义,即飞行员的行为前后存在很大差异,这样既不影响目标受众对电影内容的理解,也不会引起负面的认知,是出于对意识形态的考虑作出的折中处理。

二、诗学视角下的《我和我的祖国》电影字幕

在勒菲弗尔看来,"诗学"是艺术与文学的紧密结合,它可以划分为两个部分:一是文学要素,包括文学手法、文体、主题、原型人物、情景与特征;另一个是文学观念,即文学在整个社会系统中的作用。下面将通过具体的字幕实例来分析诗学视角下《我和我的祖国》的翻译。

故地有月明,何羡异乡圆?

The moon is brighter at home, why leave for foreign lands?

原句出自电影的《回归》单元,即故乡的月亮原来已经够圆够亮了,为什么还要羡慕他乡的圆月呢?不论是"故地有月明"还是"何羡异乡圆",都带有明显的中国五言律诗的特征,我们都知道中国的古诗词在翻译成外文时,通常会流失所包含的韵味,此句也不例外。文中的"羡异乡圆"被翻译为 leave for foreign lands,后者显然不忠实原文,不过这样的处理使诗的后一句译文更为凝练,与前一句译文相对应,而且还与修表匠的人生经历和思乡情感相呼应,这样的改写一举两得,体现了译者强大的文字功力。

A:你先听我说,三个人行不行?

B:找毛主席去。

A:两个呢?

B:买白菜呢?

A: Listen to me. How about three men?

B: Go ask Chairman Mao.

A: What about two?

B: Don't bargain.

这段对话出自电影的《前夜》单元,是两位负责开国大典的人员就借人这个问题上的商讨。原文中的"买白菜呢"带有明显的中国特色,它将两位当事人的商量过程比喻为富有生活气息的买菜这种讨价还价的过程,形象生动,不过这种比喻是很难被不熟悉中国文化的外国受众所理解的,他们不明白"买白菜"背后附带的文化内涵,若直译处理的话,可能会让他们产生困惑,因此为了更好地促进译入语读者的理解,译者将其替换为更为他们所熟知的 Don't bargain。

展示文明之师、威武之师的风采。

Let's show the world our honor and our strength.

原句出自电影的《回归》单元,其中的"文明之师"和"威武之师"都属于中文的四字格结构,四字格从古至今都广受人们的推崇,它简洁凝练,具有对称的美感,不过这种独特的美感在经翻译之手后同样是难以维持的。在这里,译者采用意译的手法,将这两个词灵活地改写为 our honor and our strength,省去了其中的 army,这样做是因为译入语受众在画面信息的提示下,明白这句话的表达主体是中国的军队,所以可将 army 省去不译,而且这样的处理符合字幕翻译的经济性原则,很是恰当。

我说你这个人怎么油盐不进啊?

Why are you so stub-born?

原文出自电影的《前夜》单元,其中的"油盐不进"是我们熟知且经常使用的成语,它常用来形容一个人固执己见,听不进去别人的意见。成语的背后通常具有丰富的文化典故,对于国人来说,提到"油""盐",很容易联想到这个成语并理解其代表的含义,而这些意象对于外国受众来说是非常陌生的,因而在面对这种植根于特定文化背景的成语时,译者往往不会采用直译的手法,是将其替换成译入语读者比较熟悉的表达,如这里译者就将"油盐不进"简译为 stub-born。类似的处理还有"金无足赤,人无完人",译者将其改写为 Nobody's perfect,虽然这样没有保留原文的诗学韵味,但这样的调整已经是在字幕翻译的限制下,平衡两种不同文化的较好结果了。

这也是我男朋友啊,怎么脚踏两只船啊?

This is my boyfriend, too. But isn't he playing the field a bit?

原句出自电影的《护航》单元。"脚踏两只船"是常见的中国俗语,用来比喻对事物犹豫不决,也用来比喻想占两头便宜、投机取巧的行为,在当下的语境里,其一般用于指代某些同时与两个人交往的不忠诚行为。"船"是为我们所熟知的意象,不过其对应的 boat 则没有相关的意义延伸,为了再现原文的内容,此处译者将其替换为更为目标受众所熟悉且含义对等的俗语,即 playing the field,这样的改写虽然使原文的诗学形式发生了变化,却精准地传递出了原文想要表达的内容。

《相遇》*Passing by*

《回归》*Going home*

《护航》*One for all*

以上分别是电影中《相遇》《回归》和《护航》单元及其对应的译名，每一个都具有引人回味的妙处。"相遇"对应的英文可以是 encounter，也可以是 meet，这里却是 passing by（错过）。passing by 体现出了即使相见却只能以擦肩而过作为结局的无奈，因此译者不忠实地改写反而准确地再现电影的主题。

提到"回归"，我们反射性地可能会想到 return 这个词，虽合适却远没有 going home 精妙，其不但表现出了"回归"这一表层含义，还体现出了香港回归这一深层含义。[①]《护航》对应的 one for all，其改写程度最大。提到 one for all，可能会想到 all for one，即"One for all, all for one"（我为人人，人人为我），而这个单元剧的主旨也正是传达服务于集体的团结精神，二者非常契合，因此译者此处看似非常具有争议的改写是极具巧妙的心思的。

除了上述所提到的这些，整部电影的其他很多地方都体现出了译者和幕后的制作团队工于细节的缜密态度。[②]

整体来看，从诗学的角度来审视《我和我的祖国》电影字幕的翻译，其所运用的翻译改写方式丰富且精巧，考虑到了源语语境和文化的差异，对之后的字幕翻译工作尤其是主旋律题材的影片翻译有绝佳的借鉴作用。

第四节　互文性理论视角下的纪录片外宣翻译

随着中国政治影响力的提升，如何全面地向世界展示中国的古今风貌是当代文化传播之要点。翻译作为文化传播的桥梁，与传播的效果紧密相关。下面以中共中央广播电视台于 2019 年上线的纪录片《美丽中国》（Amazing China）为例，以成构互文性为理论依据，对其字幕翻译从体裁、修辞、结构和主题四方面进行探究，探究译者如何使用翻译策略使译文贴近译入语读者观感，提高译入语读者的可接受性。

---

① 罗琴. 论电影字幕翻译的操纵因素和改写手段 [J]. 青年文学家, 2013 (33): 107-108.
② 吕玉勇, 李民. 论英文电影字幕翻译的娱乐化改写——以《黑衣人 3》和《马达加斯加》的字幕翻译为例 [J]. 中国翻译, 2013 (3): 105-108.

一、互文性理论的起源、发展与归纳

克里斯蒂瓦率先正式提出"互文性"这一概念,即 Intertextuality,原意为在纺织时加以混合。克里斯蒂瓦认为,新的文学创作不单单来自原作者的想法,还在对其他文本的吸收和转换中形成的。因为任何一部文学作品都无法脱离所处的社会环境、社会观念等的影响。[1]随后,克里斯蒂瓦的老师罗兰·巴尔特又提出:"任何文本都是一种互文。"他认为每一篇文本都是一个重新组织构建和引用已有的言论的过程,一个人的文学创作总会或多或少地与前人或同时代的人的思想或话语发生种种直接或间接的"偶遇"。

在国内,"互文性"一词是由罗选民于 1990 年引入中国学术研究领域。[2]21 世纪以来,互文性理论在翻译领域的研究成果显著增多,众学者分别对克里斯蒂瓦、巴尔特、费尔克劳等人的互文性观点进行研究和评述。2006 年,罗选民进一步发展了费尔克劳的互文性理论,认为显性互文性的表现手法主要分为引用、戏拟、用典、糅杂的形式,成构互文性的表现手法分为体裁、修辞、结构、主题等形式。至此,他对互文性理论的结构框架进行了更加细致的补充归纳。罗选民指出,成构互文性是隐性的,他不与具体的互文指涉发生联系,而是指过去和现在的文本的体裁、范式、主题和类型可能在阅读文本中发生相互指涉的关系,存在模仿和借用的关系,涉及话语规范的组合。

综上所述,基于费尔克劳提出的成构互文性理论、罗选民归纳的成构互文性手法:体裁、修辞、结构、主题四个方面,笔者整合出以下的理论框架(图 9-1),用来指导下面的案例分析。

---

[1] Christeva. Semeiotikè[M].Paris: Seuil Press,1969: 5.
[2] 罗选民. 互文性与翻译 [D]. 香港:岭南大学,2006: 6.

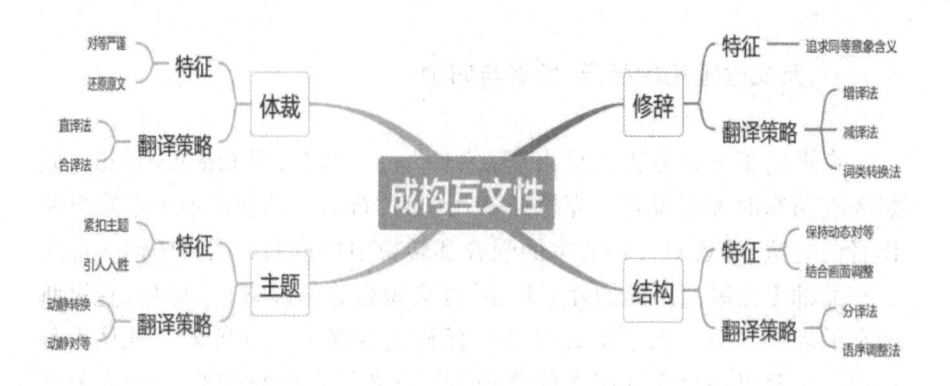

图9-1 成构互文性理论揭示的手法特征与翻译策略

二、《美丽中国》中体裁的成构文性

哈提姆认为,体裁是以规约的方式来表达特定内容的语篇行为,教堂举行的特殊仪式致辞、广告中的有固定格式的广告词,久经流传已趋于固定的神话故事等,都属于体裁表现形式的范畴。对《美丽中国》中涉及固定体裁的文本,译者保持了原文与译文间的对应顺序,贴合了体裁范畴下特殊而固定的翻译方式。例如:

> 传说红云金顶原本就是一座完整的山,同时被两位佛祖看中,他们将山体劈成两半,约定两人一人一半。因此山体两边分别供奉着释迦佛和弥勒佛。
> Legend has it the Red Cloud Golden Summit was originally a single intact mountain, but was picked up by two Buddhas at the same time, they split the mountain in half. One half is for Buddha. Therefore, Sakyamuni Buddha and Msitreya Buddha are enshrined on their respective sides of the summit.

上例原文本是介绍梵净山的神话由来,充满了佛教神话色彩。此类文本为解说词,归属于固定体裁模式,译文基本按照原文语序进行翻译,未过多调整。在进行成构性互文指涉时,若涉及特殊体裁类,应尽量贴近原文,还原原文本的语篇氛围,译者不宜添加过多个人色彩。例如,"传说红云金顶原本就是一座完整的山",译者没有调整语序,原文与译文的每一个意象都按照同样的语序一一对应翻译为"Legend has it the Red Cloud Golden Summit was originally a single intact mountain."保持了原文的叙事节奏。

在小说《消失的地平线》中,它难以到达,需要翻过雪山,穿过峡谷。

In the novel *Lost Horizon*, it is an almost impossible place to reach, and is hidden among snow-capped mountains and valleys.

在此例句中,旁白引用了小说《消失的地平线》来表达香格里拉的神秘,属于特殊体裁的引用。译文采用了合译法处理原文,对于原文中出现的两个词词组,即"翻过雪山"和"穿过峡谷",考虑到英文中没有特定表达原意"翻""穿"的对应动词,故转换为了动词 hidden 统一表达,表示出香格里拉被隐藏在雪山峡谷间的景象。

三、《美丽中国》修辞的成构互文性

修辞常见于各类文学作品之中,通常为增添或减少意象进行修饰,调整语句结构,或运用特定的表达形式来提高语言表达作用的方式。多数作者在使用修辞手法时,通常会使用带有特定文化指涉意义的意象,如在《美丽中国》中出现的比喻、比兴、反复等所指向的。译者在翻译中需揣摩如何使读者破除文化隔阂,如通过增译法、转换法等:

位于长江和运河的黄金十字交叉点上,可谓咽喉之地。

Located at the golden cross of the Yangtze River and the Beijing-Hangzhou Grand Canal, it is a place of strategic importance.

在上例中,"咽喉之地"是汉语中常见的比喻用词,通常用于形容某地的地理位置如人类的咽喉一般至关紧要,英文直译为 the land of throat。但在英语中若想表达"咽喉之地"的意思,直译法并不可取,因为英语国家并没有采用咽喉等类似意象来表达"十分重要"这一概念。因此,译文使用了 strategic importance 来表达"非常重要"这一战略地位,更加符合英语国家观众的阅读习惯,避免了造成误会的可能。修辞手法常见于多种语言,但由于文化差异,若非没有完全对等无歧义的意象,译者还是应采取同义转换,以消化这一文化差异。

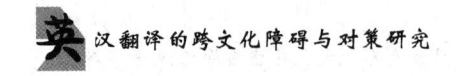

涌潮掀起的巨浪可达9米,约等于3层楼高,比4个姚明还要高。

The waves can reach a maximum of nine meters, about three storeys high and even taller than four of China's famous basketball player, Yao Ming.

在此例句中,原文使用了比兴的修辞手法,即用中国人家喻户晓的运动员姚明作为意象等去形容涌潮掀起的巨浪。众所周知姚明的身高足有2.26米,但对于不熟悉姚明的外国观众来说,自然无法理解这里的修辞手法,甚至连姚明是人还是物也不清楚,更别说领会其中的诙谐。因此,译者合理采用增译的翻译策略,在译文中添加了进一步解释的话语,即China's famous basketball player, Yao Ming。如此一来,非母语者观众就能轻而易举地理解该比喻的趣味性。由于各个国家和地区都存在文化差异,译者切不可停留于表面翻译,应充分考虑到社会文化背景的不同,酌情添加简短的释义,以为目标语观众扫清障碍。

四、《美丽中国》结构的成构互文性

成构互文性中的结构是指在翻译的过程中,使源语文本与译语文本之间的结构调整重组或形成对仗,以追求更好的译文效果。中文和英文隶属于不同的语系,因此叙事中的语序结构自然不同。在《美丽中国》的字幕翻译中,由于其文本特殊性,即需综合考量画面信息、旁白音效等因素,因此使用转换法、分译法等策略去适时调整整体结构非常有必要,可以更好地帮助非母语观众将字幕与画面结合起来。例如:

两岸陡峭的山崖谢绝了人类的拜访,却为另一种擅长飞檐走壁的动物提供着绝佳的住所。

The steep cliffs on both sides of the river put off human visitors, but provide an excellent shelter for another visitor which is also a good climber.

此例句由汉语的"拜访"同义转换成了visitor,原文本后半部分不再提及"拜访、访者"等意象,只说"另一种擅长飞檐走壁的动物"。译文并没有选择亦步亦趋地逐字翻译,而是跳脱逐字翻译的局限性,从语句的整体结构进行了重组。在后半句的翻译中,成语"飞檐走壁"由动转静被译为 good climber，以从句的方式跟在 visitor 后面进行修饰。后半句的 visitor 指代的实际上就是"动物"，译者对整体结构的对仗考虑是为了与前文出现过的 visitor 进行结构上的呼应，译文更加工整。

上险峰，下幽谷，抵达山顶，等待一场奇观。

Up to the dangerous peak, down to the valley, to the top of the mountain, it's all about anticipating the spectacle.

原文本前半部分是一个对仗句，"上""下"分别对应 up、down，"险峰"对应 dangerous peak，"幽谷"对应 valley，在整体结构上实现了字字对应。后半部分原文的动词"等待"没有按照常规的方式来翻译，如 waiting for 等词，而是结合画面语境进行了结构重组。此场景描绘的是无数游客攀峰踏谷，只为登顶一观黄山云海的壮丽风光。在旁白讲述完前半程的跋涉之后，画面已然切换到黄山云海的巍峨景象，才由旁白带着苦尽甘来的雀跃之音娓娓地将 it's all about anticipating the spectacle 念出来。这样的处理没有直接译出"等待"一词，而是用了"it's all about..."的句式，实际上该表达方法在英语中极其常见，通常用来表示"为某事做出许多努力""只为此事而来"，非常符合此情此景。

五、《美丽中国》主题的成构互文性

关于主题，主要有两种解释：一种认为主题是故事中最简单的叙述单位，另一种主题可以结合在任何故事中，并能够在不同的故事中以不同的方式再现，如在一个文本或一组文本中反复出现。在《美丽中国》中，无论是某一集的标题，或是某一场景画面的主题句，都属主题范畴，都要求译文做到精练且引人入胜。因此，译文要灵活处理，通过动静对等或动静转换等手法进行翻译，力求译文更好地根据具体场景去传达所暗含的文化意义。例如：

比如羚牛。

Meet takin.

在这个例句中，"比如"一词使用了看似毫无关联的 meet，即"遇见"一词来翻译，而不是使用常规的 such as、for example 等来表达。这样的翻译方法实际上就是脱离了原文桎梏的翻译方法。译文中的 meet 意为"遇见"的意思，在口语中常用来表示介绍某人或某物，表示"这就是……"

"来见见……"的意思。所以,这里使用了地道简短的一个表达方法来表示难得一见的羚牛奔跑场景。令人震撼的画面仅有两个单词作为旁白,不失为这一奇特景象的"主题",使人不禁在主题的带领下沉醉于羚牛群在草原上疾驰的画面。

黄河入海口

When the Yellow River enters the sea

原文"黄河入海口"是一个名词词组,言简意赅地表明本集的主角,但本集不是讲述黄河入海口周边地区的城市发展程度,而是从历史地理的角度着手,讲述黄河地区周边陆地是如何形成及黄河在今天汇入海洋的奇景。因此,译文没有单纯地选择使用 estuary 或 entrance 来表达入海口这一概念,而是转化为了动态的场景,使之以句子的形式动态地表达黄河入海口所将会发生的景象,刺激了观众的好奇心理,提升了主题的概要程度。

第十章

其他中华优秀传统文化外宣翻译的障碍与对策

中医文化、茶文化等同属中华优秀传统文化,通过外宣翻译,这些文化可以让世界更好地了解中国,增进国际的理解和交流。

第一节　中医文化外宣翻译障碍与对策

一、中医文化外宣翻译的障碍

中医深厚的历史底蕴和独特的理论体系为全球健康事业贡献了无数宝贵的经验和智慧。但中医文化在外宣翻译的过程中面临着诸多障碍，使这一宝贵文化的传播受到了一定的限制。中医术语往往蕴含着深厚的文化内涵和独特的医学理念，如何将这些术语准确地翻译成外语，使其既保留原意又能被外国读者所理解是一大挑战。对于中医术语的翻译，并没有一个统一的标准和规范，不同的翻译版本存在明显的差异，在一定程度上给中医文化的传播带来了困扰。中医文化还含有天人合一、阴阳平衡、五行相生相克等哲学思想，这些思想对于外国人来说可能比较陌生，甚至很难理解和接受，在翻译时将这些哲学思想准确地传达给外国读者，使其能够深入理解中医文化是非常重要的。

二、中医文化外宣翻译的策略

（一）阐释法

阐释法要求译者在理解原文的基础上，不拘泥于字面意思，用解释性语言或具体细节来传达原文中隐含的文化内涵。阐释法不仅有助于读者理解原文，还能使译文更好地融入译入语文化，确保交际信息的准确传递。例如：

> 呼吸之间，脾受谷味也，其脉在中。……脾者中州，故其脉在中，是阴阳之法也。[1]
> Between exhalation and inhalation the spleen receives the

---

[1] 张仲景.伤寒论[M].北京：中国医药科技出版社，2013：145.

第十章 其他中华优秀传统文化外宣翻译的障碍与对策

taste [influences] of the grains; its [movement in the] vessels is located in the center...; The spleen is [associated with] the central region, therefore its [movement in the] vessels is located in the center. These are the patterns of yin and yang.①

在中医理论中,"脾受谷味"这一表述并不仅是指脾脏在呼吸之间接受食物的味道。它更深层的含义是指脾脏在人体消化系统中扮演着吸收营养成分的重要角色。若将"谷味"直译为 the taste of grains,虽然在语法上无误,但忽略了"谷味"所蕴含的营养成分这一核心意义。因此,在翻译时需要运用阐释法,将"谷味"解释为 food nutrition,以更准确地传达原文的含义。同样地,在原文中"其脉在中"出现了两次,但它们在语境中的含义却有所不同。第一次出现时,它强调的是脾脏在纳运水谷精微过程中的脉动位置;第二次出现时,它强调的是脾脏居中焦,其脉动缓和适中的性质。因此,在翻译时不能简单地将二者都译为 vessels is located in the center,而是需要根据具体语境进行区分和阐释。为了更好地补偿译文读者缺失的文化信息,并促使交际信息得以准确传递,可以采用阐释法,将原文译为: During breathing, the spleen absorbs food nutrition, and its pulse is reflected in it; The spleen is related to the middle region, so its pulse is moderate. These are the patterns of yin and yang. 这样不仅保留了原文的意义,还使译文更加易于理解,同时也融入了译入语文化。

(二)替换法

与中国长期受儒家降己尊他思想的影响形成鲜明对比的是,英语文化追求个性解放,主张个人主义,这种文化差异在翻译过程中显得尤为明显。为了确保译文读者能够准确接收原文信息,避免思维混乱,译者需要以译入语文化习惯为基础,用译文读者熟知、与原文内涵相似的文化意象代替原文文化意象。这样做的目的是顺应译入语文化,使读者在自己熟悉的知识背景下,根据译者提供的信息推导出原文传递的信息和交际意图,从而深入理解原文在所处时代背景下的文化。

中医中的"中风"是一种主要表现为突然昏迷、失去意识、口眼歪斜、语言不利等一系列症状的突发性疾病。就西医的角度来说,"脑卒中"是

---

① 罗希文. Treatise on Febrile Caused by Cold[M]. 北京:新世界出版社,2007: 178.

一组急性脑血管疾病,是由于脑部血管忽然破裂或阻塞致使血液无法正常流动而造成的脑组织损伤。尽管中西医所定义的"中风"在表述上存在差异,实质上中西医描述的是同一种疾病。但如果将中医的"中风"直译为 hit by wind,可能会让读者产生困惑,无法与原文内涵产生较强的关联。这种翻译方式并没有考虑到译入语文化的习惯,也没有结合读者的认知背景,因此笔者认为可以将其译为 stroke,这样的翻译能够为西方读者创造更大的关联语境,寻求原文与译文的最佳关联,从而将原文的交际信息更为清晰地表达出来。

(三)意译

中英文之间的语言和文化差异使直译往往只能传达表面的字义,无法传达出原文的文化内涵和深层含义。在翻译信息不明类文本时需要采用意译的方法,努力体现原文的深层含义。例如,在英译《黄帝内经》中的这段文字时就需要采用意译。

"故风者,百病之始也,清净则肉腠闭拒,虽有大风苛毒,弗之能害,此因时之序也。"[①]

"百病"并非确指一百种疾病,而是泛指多种疾病,它代表了生活中可能遇到的各种问题和困扰。同样,"之始"也不能被理解为唯一根源,而应当理解为主要根源。"百病之始"不应被直译为 the source of one hundred diseases,应当理解为 the primary cause of many ailments。"清净"多指精神上的放松和宁静,而原文中的"清净"具有更丰富的内涵,指的是人不受物欲困扰、身心皆放松的状态。所以"清净"在这里也不应被翻译为 the quiet spirit,而应当被理解为 a state of inner peace and freedom from material desires。下面来看译者吴连胜的译文:

Therefore, wind is the main source of various diseases. But how can the wind-evil be resisted? The clue is to keep one's physique and spirit quiet and not being bothered by material concerns, so that his Yang energy may be substantial and his striae of skin dense. When his striae of skin is dense, he will be able to resist the strong wind-evil and severe toxin.

---

① 姚春鹏:《黄帝内经》译注 [M]. 北京:中华书局,2009:76.

It is important to adapt to the weather sequence to nurse one's physique and spirit, that is to preserve his health in accordance with the law of Yin and Yang.[①]

译者将"百病之始""清净"分别意译为 the main source of various diseases 和 keep one's physique and spirit quiet and not being bothered by material concerns。

(四)信息不明与具体化

中国古代科技典籍中常存在一些表达含糊不清、意义模糊的现象,对于那些不熟悉古代语境和文化背景的读者很难理解。《黄帝内经》作为中国古代医学典籍,涵盖了中医理论诸多方面,使用的语言表述简练而深刻,但是这种简练的表述方式却可能导致读者对其真实含义产生误解。例如:

此其天寿过度,气脉常通,而肾气有余也。此虽有子,男不过尽八八,女不过尽七七,而天地之精气皆竭也。[②]

译者在翻译这些数字时,需要将其具体化为英文读者更为熟悉的表示方法。例如,可以将"八八"翻译为"sixty-four",将"七七"翻译为"forty-nine":

This kind of people has a richer natural endowment of primordial kidney energy, and has a better postnatal recuperation to health. Although they are aged, yet their channel energies are still not declining, so there is still possibility for them to have children. Nevertheless, for a man, the age for having a child can not exceed sixty-four, and for a woman, can not exceed forty-nine. When the essential and vital energy of a man or woman is exhausted, it is also impossible for them to have any child.[③]

---

① 姚春鹏:《黄帝内经》译注[M]. 北京:中华书局,2009:76.
② 姚春鹏.《黄帝内经》译注[M]. 北京:中华书局,2009:98.
③ 王冰. Yellow Emperor's Canon Internal Medicine[M].吴连胜,吴奇,译.北京:中国科学技术出版社,1997:45.

(五)逻辑混乱与逻辑重整

众所周知,中国古代的文言文是一种高度凝练、意义深远的语言形式,其构建文章的方式往往通过小句之间的逐步推进来实现。然而,这种推进过程中,小句与小句之间往往缺乏明显的逻辑连词,这在习惯于严谨逻辑结构的西方读者眼中,往往显得结构零散、逻辑不严谨。《伤寒论》中这段关于麻黄汤疗法的描述在西方读者看来就存在逻辑问题:

> 太阳病,脉浮紧,无汗,发热,身疼痛,八九日不解,表证仍在,此当发其汗。服药已,微除,其人发烦,目瞑,剧者必衄,衄乃解,所以然者,阳气重故也,麻黄汤主之。[①]

"服药已"将该段内容一分为二。前半部分详细说明了患者在何种情况下需要服用麻黄汤,而后半部分则描述了患者服用麻黄汤后的症状。这种划分方式对于熟悉文言文的读者来说,或许能够轻松理解其中的逻辑关系。然而,对于西方读者而言,缺乏明显的逻辑连词使整个段落显得支离破碎,难以准确把握作者的真正意图。进一步分析,从逻辑关系的角度来看,"麻黄汤主之"这一句子应当置于"此当发其汗"与"服药已"之间,这样的顺序更符合西方人的逻辑思维方式。但作者将其置于整段文字之末,这无疑增加了西方读者理解的难度。

此外,"服药已,微除"与"其人发烦"之间的转折关系也未得到明确的表述,这使整个段落的逻辑关系更加扑朔迷离。"所以然者,阳气重故也"这一句对于前文的解释也显得含糊不清,读者难以准确理解其与前文哪一部分存在关联。这种缺乏明确指向性的解释,在文言文中或许被视为一种高深的表达方式,但对于西方读者来说可能造成理解上的障碍。因此,在将中医典籍翻译成英文时,译者需要对原文的逻辑结构进行重整,以确保译文逻辑严密、行文流畅。下面来看译者罗希文的译文:

Initial Yang Syndrome: Decoction of Herba Ephedrae should be adopted to dispel the exterior syndrome by producing perspiration when the patient has a fever, a general aching feeling, and a floating and tense pulse without perspiration for eight to nine days. After taking the decoction,

---

[①] 张仲景. 伤寒论[M]. 北京:中国医药科技出版社,2013:146.

when the patient feel a bit better but is restless and tend to close his eyes, or even has a epistaxis, it shows that he is recovering. This is because epistaxis reduces excessive Yang Vital Energy.①

通过仔细对照原文和译文,可以清晰地看到译者巧妙地运用了三种方法来阐释原文中潜在的逻辑关系。这些方法不仅使译文更加准确,而且有助于读者更好地理解原文的深层含义。

译者将原文中位于末尾的"麻黄汤主之"移至译文首句,这一举措极具匠心。这样的调整使译文的逻辑结构更加清晰,突出了该段的主题——麻黄汤疗法。这种处理方式不仅符合中文的表达习惯,而且有助于读者迅速把握段落的核心内容。译者通过添加 but 一词,成功地展示了原文中"服药已,微除"与"其人发烦,目瞑,剧者必衄"之间的对比关系。这一对比关系的建立使译文在表达上更加生动、形象,同时也突出了原文中不同症状之间的差异性。这样的处理方式不仅增强了译文的可读性,而且有助于读者更加深入地理解原文的含义。译者通过添加 epistaxis 与 it 两个词语,明确地指出"所以然者,阳气重故也"这一解释仅针对"剧者必衄"这一症状,而不包括"其人发烦,目瞑"。这样的处理方式避免了读者在理解上产生歧义,使译文更加准确、严谨。同时,这也体现了译者对原文的深入理解和精细处理。

第二节 传统文化外宣翻译障碍与对策

一、中国传统文化与典籍翻译策略

中国古代科技文化作为中华优秀传统文化的璀璨瑰宝,古人对自然、宇宙、生命等各个方面深入探索后的智慧结晶,不仅见证了中华民族智慧的深厚积淀,更以其独特的魅力和价值,对世界文明的发展产生了深远的影响。科技典籍作为这一文化的重要载体。其对外译介与传播显得尤为

---

① 张仲景.Treatise on Febrile Caused by Cold(Shanghan Lun)[M]. 罗希文,译.北京:新世界出版社,2007: 179.

重要,相关研究也备受国内外学者的关注。

在翻译的过程中,译者常常面临着一个核心问题:是尽可能保留原文的特征,还是追求译文的最大可读性?这一挑战在翻译中国古代科技典籍时显得尤为突出。施莱尔马赫曾在其理论中提出了两种翻译策略,即"要么尽量不打扰作者而使读者靠近作者,要么尽量不打扰读者而使作者靠近读者"[①]。这种非此即彼的二元对立模式在文学翻译中可能并不完全适用,但在处理中国古代科技典籍的英译时具有一定的参考价值。需要指出的是,中国古代科技典籍在英译之前已经经过了语内翻译,即原文本身已经历了多次解读和改编,这就导致译者手中的原文本并非完全忠实于原作者的原始创作,而是在历史长河中经过层层解读和加工的产物。基于这一点,如果再强调对原作者的"忠实"并没有太大意义,由于原文本身不再是原作者的原始意图和表达,因此译者在翻译时应更注重译文的可读性和信息的准确性。

二、农学典籍:信息不明与增译

《蚕书》是宋代秦观创作的总结宋以前兖州地区养蚕、缫丝经验的农书。以《蚕书》中关于蚕种催青的描述为例,原文可能非常简洁,只提到了催青的过程和注意事项。然而,对于没有接触过蚕桑文化的读者来说,这些描述可能会显得晦涩难懂。例如:

> 腊之日聚蚕种,沃以牛溲,浴于川,毋伤其藉,乃县之。始雷,卧之。五日色青,六日白,七日蚕已蚕尚卧而不伤。[②]

关于"腊之日聚蚕种"的问题,这里的蚕种究竟是指春蚕还是秋蚕呢?根据《蚕书》的相关内容,可以推断出这里的蚕种应该是春蚕蚕种。因为春蚕的孵化与养殖对于整年的蚕丝产量具有决定性的影响,所以古人在腊日(农历十二月初八)这一天聚集蚕种,寓意着为新一年的养蚕事业开个好头。接下来是"沃以牛溲"的问题,为什么要用牛尿浸泡蚕种呢?这其实是古人对蚕种进行消毒的一种方法。在古代,人们发现牛尿具有一定的杀菌作用,将其用于浸泡蚕种,可以有效地预防蚕病的发生,保证蚕种的健康。"乃县之"这一句话需要明确为将蚕种存于布袋悬挂在墙上或屋梁上以通风和防止鼠害。整段文字可以译为:

---

① 包竹秀. 施莱尔马赫翻译理论的承前启后研究[D]. 兰州:兰州大学,2021:3.
② 魏东. 论秦观《蚕书》[J]. 农史研究,1987(1):83-87.

The eggs for incubating spring silkworms are selected in December every year. First, disinfect the selected eggs with cattle urine, then cleanse them in a river. Take care with the egg shells while washing. The cleansed eggs are then stored in cloth bags and hung on the wall or a beam for airing and avoiding mice. When spring thunder comes and mulberry trees come into leaf, the eggs are hatched for seven days in incubators which can keep a temperature range of 36 ~ 37 centigrade. They will turn dark blue on the fifth day, white on the sixth day. On the seventh day, grubs will come out, lying motionless. There is no need to worry for baby silkworms will writhe in one or two hours and should be removed to silkworm cages.

三、乐律学典籍：陈述主观与非人称化

科技英语作为一种专业的语言形式，倾向于通过特定的语言手段实现其陈述的客观性。使用被动句、减少人称代词的使用，以及避免使用情感色彩浓厚的词汇，是科技英语常用的三大手法。而在中国古代科技典籍中，主客体不分、主动被动不分、主动句一统天下的特点，则使其陈述充满了主观色彩。以秦代乐律学文献《吕氏春秋·音律》中的一段描述为例：

> 黄钟生林钟，林钟生太蔟，太蔟生南吕，南吕生姑洗，姑洗生应钟，应钟生蕤宾，蕤宾生大吕，大吕生夷则，夷则生夹钟，夹钟生无射，无射生仲吕。

从逻辑上看，每一个音律都是基于前一个音律的某种变化而形成的。在这里，后者是受事，前者是范围，而潜在的主语——人，则是施事。在英语中，这种逻辑关系通常会用被动句来表达，但在汉语中采用了主动句的形式。此外，每个小句中的两个音律都是由动词"生"来连接的。这个词在汉语中具有强烈的拟人化和比喻效果，进一步增强了句子的主观色彩。来看下面的译文：

Ling Zhong is developed from Huang Zhong. Tai Cu is developed from Ling Zhong. Nan Lü is developed from Tai Cu. Gu Xian is developed from Nan Lü. Ying Zhong is developed from Gu Xian. Rui Bing is developed from Ying

Zhong. Da Lü is developed from Rui Bing. Yi Ze is developed from Da Lü. Jia Zhong is developed from Yi Ze. Wu Yi is developed from Jia Zhong. Zhong Lü is developed from Wu Yi.①

在对比原文和译文的过程中,可以清晰地看到翻译技巧的运用。原文中的主动句在译文中被巧妙地转换为被动句,这种转换不仅符合英语的表达习惯,还强化了描述的客观性。例如,原文中的"生"字,在译文中以中性词 develop 来呈现,既保留了原意,又使句子更具客观性。

除了这种句式转换的翻译方法外,中国古代科技典籍的英译中还常采用音译、注解等方法。音译主要用于专有名词的翻译,如中国古代的度量衡。这些度量衡单位在中国古代科技典籍中占有重要地位,通过音译的方式,能够保留其独特的文化内涵,同时也让英语读者对其有更直观的了解。音译在很多时候会和注解结合在一起使用,以便对英语读者进行必要的解释和说明。

四、剪纸技艺:分层表述

剪纸是中国传统手工艺中的一种独特形式,它有着丰富的民俗文化内涵和深厚的艺术底蕴。通过剪刀对纸张的巧妙裁剪,剪纸艺术家们能够创作出形态各异、精美绝伦的剪纸作品,这些作品不仅具有极高的审美价值,还承载着人们对美好生活的向往和追求。

(一)技法层剪纸术语的翻译

中国剪纸这一源于自然崇拜的艺术形式,深深地烙印着劳动人民的世界观、价值观与审美观。特别是那些富含民族理念的术语,不仅是中华民族精神文明与思想理念的生动体现,更是一部历史与文化的融合之作。

以剪纸中的"阴剪"和"阳剪"为例,二者是中国剪纸深层知识的典型代表。在这里,"阴"和"阳"的概念并非简单地对立,而是相互依存、相互转化的统一体。这种观念源于中国古代先人对宇宙万物的深刻理解,他们认为万物皆有阴阳两面,二者既对立又统一,共同构成了宇宙的基本

---

① 吕不韦,翟江月.The Spring and Autumn of Lü Buwei[M].翟江月,译.桂林:广西师范大学出版社,2005:105.

规律。

在剪纸艺术中,"阴剪"和"阳剪"的技法正是这种对立统一思想的体现。从效果呈现上看,二者是相反但又互补的。阴剪的留白,恰好是阳剪切出的线条;阳剪的线条,则成为阴剪留白的背景。二者互相对立,但又可以合为一体,形成一幅完整的作品。这种技法的运用不仅展示了剪纸艺术的独特魅力,也体现了中国古代哲学思想的精髓。

在翻译这些术语时,需要考虑到它们的文化内涵和异质性。音译可使术语在国外具有一定的辨识度,保留音译同时也符合术语翻译的"成本—效益"原则。因此,将"阴剪"和"阳剪"翻译为 Yin cutting 和 Yang cutting,既保留了其文化内涵,又便于国际交流。

除了技法术语外,剪纸纹样术语也有着丰富的文化内涵。作为历史的产物,剪纸的实用价值几乎隐退,留下的是剪纸符号文本指向的原始先民的集体无意识、由儒释道文化塑造的生命观和自然观等。以"福"字为例,它在中国民俗文化中享有至高无上的地位。左边部首"礻"通"祇",指土地神,最初含义表示在土地神面前供奉满的、多的祭品。在中国农耕文明中,献祭神明是希望得到庇佑,可以满谷仓、富本族。然而,随着时间的推移,"福"的赐福"功能"逐渐脱离神明而转为人的意志,成为人对人所有美好祝福的总和。因此,在翻译福字纹样时,建议采用 full blessing pattern,以体现其深厚的文化内涵和广泛的象征意义。

(二)工具层剪纸术语的翻译

物质性是剪纸艺术的根基,物质层中的剪纸术语涉及剪纸技艺中的专门工具,如"蜡盘""挂笺"等,其具有实用功能。例如,"蜡盘"一词既表达了其作为刻刀与木桌之间的隔离物,起到保护木桌和减缓刻刀钝化的作用,同时也提示了其表面涂抹的蜡油具有润滑功能。因此,可以将其译为 waxed padding block,既准确传达了其功能,又保留了其文化特色。

总之,剪纸作为中国传统技艺的重要组成部分,其术语的翻译不仅需要准确传达其核心概念要素,还需要关注其文化特色和应用场景。

第三节　茶文化外宣翻译要求与对策

自古以来,茶是中华民族的传统饮品,它不仅是一种解渴的饮料,更是一种文化的载体。在唐代,茶已经成为文人墨客们的最爱,他们通过品茶来陶冶情操、修身养性,茶成为他们生活中的一部分。茶道作为茶文化的重要表现形式,更是将品茶的过程提升到了艺术的境地。茶道强调的是人与自然的和谐以及人与人之间的交流与沟通。茶文化的博大精深凝聚了中华民族几千年的智慧和情感,并以其独特的韵味和魅力成为中华文化的重要组成部分。

一、中国茶文化外宣翻译的要求

茶文化作为中国传统文化的重要组成部分,有着丰富的历史、哲学意蕴。在全球化的大背景下,茶文化的英语翻译显得尤为重要,它不仅有助于西方世界了解中国的茶文化,还能促进东西方文化的交流与融合。

翻译人员的选择至关重要。翻译茶文化不仅要求译者具备扎实的英语功底,还需对茶文化有深入的了解和热爱。因此,在选择翻译人才时,相关机构应设定严格的人才甄选标准,通过笔试和面试全面考查其专业知识、应变能力和个人素质。只有选拔出翻译能力强、茶文化知识储备丰富且综合素养高的翻译人才,才能为茶文化的英语翻译提供坚实的人才保障。

翻译后的审校扮演着重要的角色。只有通过细致的审校,才能确保翻译的准确性和规范性,使茶文化的精髓得以完整呈现。

二、中国茶文化外宣翻译的策略

(一)茶名的英译

中国所产之茶不仅种类齐全、品种繁多且名品荟萃,这些名茶有的以茶的产地命名,有的则以茶形、茶汤、功能等命名。比如,"六安茶"是以产地命名的,而"老君眉"是以茶形命名的。"老君眉"是湖南洞庭湖君山所产的白毫银针茶,精选嫩芽制成,满布毫毛,香气高爽。其味甘醇,形如长眉,故名"老君眉"。对于茶名的翻译通常采用三种方法:音译法、意译法、音意结合法。

(1)音译法

音译法适用于以产地命名的茶的翻译。例如:

　　南京雨花茶(江苏) Nanjing Yuhua tea
　　龙井茶(浙江) Longjing tea
　　黄山毛峰茶(安徽) Huangshan Maofeng tea
　　蒙顶茶(四川) Mengding tea
　　惠明茶(浙江) Huiming tea
　　普洱茶(云南) Pu'er tea
　　紫阳茶(陕西) Ziyang tea

(2)意译法

对于那些以茶形、茶汤、功能等命名的茶,在进行翻译时通常会采用意译法。例如:

　　白毫茶 Pekoe
　　红茶 Black tea
　　绿茶 Green tea
　　乌龙茶 Oolong tea
　　砖茶 Brick tea
　　菊花茶 Chrysanthemum tea
　　花茶 Scented tea
　　茉莉花茶 Jasmine tea

（3）音意结合法

音意结合法适用于以产地＋茶叶特点命名的茶的翻译。例如：

  信阳毛尖（河南）Xinyang green tea
  铁观音（福建）Iron Buddhist（A variety of Oolong tea）
  苏州花茶（江苏）Suzhou jasmine tea
  祁门红茶（安徽）Qimen black tea
  婺源绿茶（江西）Wuyuan green tea

(二)茶具的英译

现代人对于茶具的要求并不像古代那么高，古代人对盛茶之器具十分讲究。对他们而言，茶具不仅是一种容器，而且体现了喝茶者的身份地位与文化修养。例如：

  茶壶 tea pot/tea kettle
  茶匙 tea spoon
  茶碟 tea saucer
  托盘 tea tray
  壶垫 tea pad
  茶船 tea plate
  侧柜 side table
  茶碗 tea bowl
  茶车 tea cart
  茶杯 tea cup
  杯套 cup cover
  座垫 seat cushion
  盖置 lid saucer
  水壶 water kettle
  杯托 cup saucer
  茶荷 tea holder
  茶巾 tea towel
  茶拂 tea brush
  地衣 ground pad
  茶托 tea ware tray

水盂 tea basin
盖碗 covered bowl
茶匙 tea spoon
茶器 tea ware
茶罐 tea canister
茶瓮 tea urn
茶桌 tea table
有流茶碗 spout bowl
茶巾盘 tea towel tray
奉茶盘 tea serving tray
煮水器 water heater
煮水器底座 heating base
茶具袋 tea ware bag
包壶巾 packing wrap
同心杯 strainer cup
茶盅 tea pitcher
个人品茗组(茶具) personal tea set
冲泡盅 brewing vessel

通过上述茶具翻译实例可以发现,茶具在英译过程中的文化转向主要体现在从西方读者的立场和角度出发进行翻译,力求使西方读者了解中国的茶文化。

(三)茶俗的英译

自古以来,茶都是中国人的日常饮品之一。饮茶一方面提高了人们的生活情趣,另一方面也丰富了他们的精神文化生活。古时人们十分讲究烹茶用水以及品茶,在现代也有不少人讲究茶道,关注茶的养生功效,这使茶不同于其他饮品,形成自身独特的茶俗。为了进一步传播中国的茶文化,茶俗文化的翻译必不可少。对于茶俗的翻译通常采用异化法,即在保留源语表达形式的基础上充分再现原文的思想内涵。

下面来了解一些品茶术语的英译:

干茶色泽术语:

褐黑(乌中带褐有光泽,此术语也适用于压制茶干茶色泽)

auburnish black

粟褐（褐中带深棕色，似成熟栗壳色）chestnut auburn

栗红（红中带深棕色）chestnut red

泛红（色带红而无光泽）reddish

枯红（色红而枯燥）dry red

灰枯（色灰而枯燥）dry grey

汤色术语：

红艳（似琥珀色，鲜艳明亮，金圈厚而艳）red brilliant

红亮（红而透明光亮。此术语也适用于叶底色泽）red bright

红明（红而透明，亮度次于"红亮"）red clear

深红（红较深，此术语也适用于压制茶汤色）deep red

浅红（泛红，深度不足）light red

冷后浑（茶汤冷却后出现浅褐色或橙色乳状的浑浊现象，为优质红茶象征之一）cream down

姜黄（红碎茶茶汤加牛奶后呈姜黄明亮）ginger yellow

粉红（红碎茶茶汤加牛奶后，呈明亮玫瑰红色）pink

灰白（红碎茶茶汤加牛奶后，呈灰暗混浊的乳白色）grayish white

香气术语：

鲜甜（鲜爽带甜感，此术语也适用于滋味）fresh and sweet

高甜（高而带甜感）high and sweet

焦糖香（烘干充足或火功高致使香气带有饴糖甜香）camerlsed

甜和（香气纯和虽不高，但有甜感）sweet

高锐（香气鲜锐，高而持久）high and sharp

果香（类似某种干鲜果香，如核桃香、苹果香等）fruity flavor

麦芽香（干燥得当，带有麦芽糖香）malty

滋味术语：

浓强（茶味浓厚，刺激性强）heavy and strong

甜浓（味浓而带甜，富有刺激性）sweet and heavy

浓涩（富有刺激性，但带涩味，鲜爽度较差）heavy and

第十章
其他中华优秀传统文化外宣翻译的障碍与对策

astringency

叶底术语：

红匀（红色深浅比较一致）red coven

紫铜色（色泽明亮，呈紫铜色，为优良叶底的一种颜色）
coppery

乌暗（似成熟的栗子壳色，不明亮）dark dull

乌条（乌暗而不开展）dark leaf

花青（青绿色叶张或青绿色斑块，红里夹青）green

下面来分析泡茶过程描述的英译：

备具 prepare tea ware

备水 prepare water

温壶 warm pot

备茶 prepare tea

识茶 recognize tea

赏茶 appreciate tea

温盅 warm pitcher

置茶 put in tea

闻香 smell fragrance

第一道茶 first infusion

计时 set timer

烫杯 warm cups

倒茶 pour tea

备杯 prepare cups

分茶 divide tea

端杯奉茶 serve tea by cups

冲第二道茶 second infusion

持盅奉茶 serve tea by pitcher

供应茶点或品泉 supply snacks or water

去渣 take out brewed leaves

赏叶底 appreciate leaves

涮壶 rinse pot

归位 return to seat

清盅 rinse pitcher

193

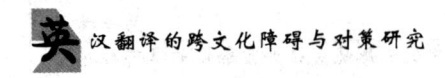

收杯 collect cups

通过以上对泡茶过程的英译可知,茶烹制方法英译的文化转向同样体现在从西方读者的角度出发,力求使翻译出的内容易于了解和把握。

参考文献

[1] 白桂芬.文化与翻译新探[M].北京:中国纺织出版社,2017.

[2] 白谦慎.傅山的世界:十七世纪中国书法的嬗变[M].北京:生活·读书·新知三联书店,2006.

[3] 褚妍,佟玉平.功能翻译论视角下外宣翻译的多维度研究[M].长春:吉林大学出版社,2020.

[4] 邓薇.外宣翻译译者主体性能力范畴化研究[M].北京:知识产权出版社,2021.

[5] 范祥涛.中华典籍外译研究[M].北京:外语教学与研究出版社,2021.

[6] 房晶.跨文化视域下的旅游外宣翻译研究[M].长春:东北师范大学出版社,2016.

[7] 高磊.基于不同视角下的外宣翻译研究[M].哈尔滨:哈尔滨工业大学出版社,2019.

[8] 胡蝶.跨文化交际下的英汉翻译研究[M].长春:东北师范大学出版社,2018.

[9] 胡兴文.叙事学视域下的外宣翻译研究[M].上海:上海交通大学出版社,2019.

[10] 胡妤. 描写译学视域下的外宣翻译规范研究 [M]. 上海：上海交通大学出版社, 2019.

[11] 黄净. 跨文化交际与翻译技能 [M]. 天津：天津大学出版社, 2019.

[12] 贾钰. 英汉翻译对比教程 [M]. 北京：北京语言大学出版社, 2018.

[13] 姜荷梅. 英汉互译教程 [M]. 上海：复旦大学出版社, 2017.

[14] 李雯, 吴丹, 付瑶. 跨文化视阈中的英汉翻译研究 [M]. 长沙：湖南师范大学出版社, 2018.

[15] 李侠. 英汉翻译与文化交融 [M]. 成都：电子科技大学出版社, 2020.

[16] 凌来芳, 张婷婷. 中国戏曲跨文化传播及外宣翻译研究 [M]. 杭州：浙江工商大学出版社, 2019.

[17] 刘坤, 王雪燕, 任毓敏. 中华文明的输出：外宣翻译中的中国文化与中国形象 [M]. 长春：吉林文史出版社, 2017.

[18] 刘宓庆. 文化翻译论纲 [M]. 北京：中译出版社, 2019.

[19] 刘伟, 杨淑芳, 牛艳. 叙事学视域下的外宣翻译研究 [M]. 长春：吉林人民出版社, 2022.

[20] 卢彩虹. 传播视角下的外宣翻译研究 [M]. 杭州：浙江工商大学出版社, 2016.

[21] 孟伟根. 中国戏剧外译史 [M]. 杭州：浙江大学出版社, 2017.

[22] 孙俊芳. 英汉词汇对比与翻译 [M]. 北京：知识产权出版社, 2016.

[23] 孙蕾. 英汉文化与翻译研究 [M]. 北京：中国书籍出版社, 2014.

[24] 王端. 跨文化翻译的文化外交功能探索 [M]. 北京：中国广播影视出版社, 2019.

[25] 吴得禄. 英汉语言对比及翻译研究 [M]. 成都：电子科技大学出版社, 2016.

[26] 许宏. 外宣翻译与国际形象建构 [M]. 北京：时事出版社, 2017.

[27] 杨岑. 英汉翻译入门 [M]. 长春：吉林人民出版社, 2019.

[28] 杨友玉. 多维视域下的外宣翻译体系构建研究 [M]. 北京：中国水利水电出版社, 2018.

[29] 于艳. 跨文化传播学视角下的外宣翻译研究 [M]. 延吉：延边大

学出版社,2017.

[30] 张白桦.翻译基础指津[M].北京:中译出版社,2017.

[31] 张晶.外宣翻译与跨文化传播研究[M].长春:吉林大学出版社,2020.

[32] 张娜,仇桂珍.英汉文化与英汉翻译[M].成都:电子科技大学出版社,2017.

[33] 张培基.英汉翻译教程[M].2版.上海:上海外语教育出版社,2018.

[34] 张青,张敏.英汉文化与翻译探究[M].北京:中国水利水电出版社,2015.

[35] 赵晶.融通中外的外宣翻译话语建构及其接受效果研究[M].北京:对外经济贸易大学出版社,2021.

[36] 朱义华.外宣翻译的政治性剖析及其翻译策略研究[M].苏州:苏州大学出版社,2017.

[37] 朱义华.外宣翻译研究体系建构探索[M].上海:上海交通大学出版社,2021.

[38] 韩暖.汉英禁忌语对比分析及其在跨文化交际中的回避策略[D].哈尔滨:哈尔滨师范大学,2016.

[39] 李杰玲.山与中国诗学——以六朝诗歌为中心[D].上海:上海师范大学,2011.

[40] 刘娇.汉英植物词文化意义的对比研究及教学建议[D].沈阳:辽宁大学,2017.

[41] 马慧.英汉语篇衔接手段对比及其翻译[D].兰州:兰州大学,2017.

[42] 任继尧.汉英委婉语对比研究与对外汉语教学[D].太原:山西大学,2018.

[43] 汪火焰.基于跨文化交际的大学英语教学模式研究[D].武汉:华中科技大学,2012.

[44] 王军霞.汉语教学中英汉习语文化空缺现象研究[D].济南:山东师范大学,2016.

[45] 王梅.从英汉习语看英汉文化的异同[D].成都:四川师范大学,2009.

[46] 王爽.汉英习语文化对比[D].哈尔滨:黑龙江大学,2011.

[47] 夏露. 中英语言中"风"的概念隐喻对比研究 [D]. 武汉：华中师范大学, 2014.

[48] 尤晓霖. 英国动物福利观念发展的研究 [D]. 南京：南京农业大学, 2015.

[49] 张锐. 文化空缺视域下的汉英数字文化对比 [D]. 乌鲁木齐：新疆师范大学, 2013.

[50] 陈冬雁. 译介学视域下中国民族文学"走出去"研究——以《狼图腾》的成功译介为例 [J]. 才智, 2016（34）：238-239.

[51] 陈晶辉. 文化语境下的英汉植物词汇意义与翻译 [J]. 边疆经济与文化, 2011（6）：32-33.

[52] 陈诗霏. 中华传统服饰文化外宣翻译的多视角探究 [J]. 英语广场, 2022（2）：32-36.

[53] 陈仲伟, 王富银. 中国文化典籍外译传播障碍研究 [J]. 海外英语, 2019（1）：90-93.

[54] 丁婉宁, 邵华, 刘祥海. 中英社会称谓语差异比较研究 [J]. 海外英语, 2019（23）：224-225.

[55] 丁雪莲. 传播学视角下新疆传统饮食文化外宣翻译策略 [J]. 品位·经典, 2023（1）：54-56.

[56] 郭静. 基于文化全球化背景下中国文化外宣翻译研究 [J]. 中国民族博览, 2023（20）：199-201.

[57] 黄曼. 汉语习语变异研究概述 [J]. 社会科学战线, 2014（12）：275-277.

[58] 黄险峰. 中西建筑文化差异之比较的探讨 [J]. 华中建筑, 2003（10）：37.

[59] 黄忠廉, 杨荣广, 刘毅. 少数民族文化外译的优先路径诠释 [J]. 民族文学研究, 2022, 40（3）：73-80.

[60] 贾洪伟. 中国文化外译作品的出版与传播效应 [J]. 外语学刊, 2019（6）：113-116.

[61] 贾洪伟. 中华文化典籍外译的推进路径研究 [J]. 外语学刊, 2017（4）：110-114.

[62] 兰玲. 中西文化差异下的汉英动物词汇翻译 [J]. 边疆经济与文化, 2015（2）：98-100.

[63] 李亮. 新疆文化负载词的英译 [J]. 新疆职业大学学报, 2016, 24

（3）：52-55.

[64] 李琳琳,丛丽.基于文化翻译理论的中国建筑文化翻译策略探究[J].长春教育学院学报,2015,31（20）：68-70.

[65] 李书影,王宏俐.基于读者接受的中华文化典籍外译研究——以《孙子兵法》为例[J].出版发行研究,2022（6）：92-97.

[66] 刘兰君.英汉禁忌语之文化差异透视[J].教育现代化,2018,5（26）：348-349.

[67] 刘芹.新疆高校大学生中华传统节日外译教学资源库建设探讨[J].产业与科技论坛,2023,22（14）：247-248.

[68] 刘鑫梅,赵禹锡,刘倩.跨文化传播视阈下我国传统文化对外传播探析[J].传媒论坛,2018,1（14）：1-2.

[69] 刘秀琴,董娜.跨文化交际中的英汉"委婉语"探讨[J].山西广播电视大学学报,2018,23（4）：43-46.

[70] 卢逸玮,文炳.文化翻译视域下中国服饰文化负载词英译研究——以博物馆藏品名称英译研究为例[J].英语广场,2023（8）：16-19.

[71] 吕鹏,张弛,张智豪.文化"走出去"背景下中国纪录片解说词英译的语境顺应研究——以《舌尖上的中国》为例[J].英语广场,2018（11）：12-15.

[72] 马国志.文化视域下的英汉习语对比与翻译[J].科教文汇,2019（3）：180-183.

[73] 马晓彤,蔡薇.目的论视角下中国传统服饰文化翻译研究——以《丰乳肥臀》叶果夫译本为例[J].今古文创,2024（9）：101-104.

[74] 欧阳可惺.当代中国少数民族文学研究的三种范式[J].民族文学研究,2017,35（5）：5-19.

[75] 潘秋阳,衣莉莉,于鹏,等.基于译介学视域下中国民族文学"走出去"的分析[J].文化创新比较研究,2019,3（18）：188-189.

[76] 沈琳琳.文化传播语境下高职英语外译教学原则分析——以服饰文化翻译为例[J].职教论坛,2015（35）：70-73.

[77] 王凤霞,刘小玲.从信息论角度看新疆旅游资料的冗余翻译——以喀什地区为例[J].新疆广播电视大学学报,2011,15（2）：45-48.

[78] 王崧珍.翻译文化效应视域下新疆多元文化外译中译者文化自觉与文本选择[J].湖北函授大学学报,2015,28（12）：152-153.

[79] 王学强. 中华优秀文化典籍外译何以"走出去"[J]. 人民论坛, 2019（9）: 132-133.

[80] 王伊君. 中国饮食文化的英语翻译策略探讨——评《中国饮食文化(第二版)》[J]. 食品安全质量检测学报, 2023, 14（19）: 322.

[81] 吴汉周. 汉语言语禁忌与替代英译策略探究[J]. 广西教育学院学报, 2022（6）: 64-69.

[82] 吴丽萍. 中国饮食文化的英语翻译策略分析——评《中国饮食文化(第3版)》[J]. 食品安全质量检测学报, 2023, 14（21）: 316.

[83] 吴艳. 译介学视角下中华文化典籍外译的趋势与启示[J]. 文化创新比较研究, 2023, 7（25）: 152-155.

[84] 肖唐金. 跨文化交际翻译学: 理论基础、原则与实践[J]. 贵州民族大学学报, 2018（3）: 23-38.

[85] 延丽霞. 基于媒体融合传播的中华传统文化外宣翻译研究[J]. 常州信息职业技术学院学报, 2020, 19（3）: 85-88.

[86] 杨超. 人名、地名的中西互译[J]. 科学大众(科学教育), 2017（8）: 101.

[87] 杨帆. 汉英称谓语的语用功能与翻译——以《红楼梦》为例[J]. 传播力研究, 2018, 2（33）: 221.

[88] 杨惠馨, 刘小玲. 基于翻译视角的新疆民族文化研究现状及前景分析[J]. 新疆财经大学学报, 2013（3）: 58-61.

[89] 易安银, 沈群英. 汉英亲属称谓语的认知与翻译[J]. 科教文汇, 2021（35）: 187-189.

[90] 岳红. 传播学视阈下中华文化外宣翻译策略研究——以甘肃民间传统节日文化翻译为例[J]. 湖北成人教育学院学报, 2023, 29（5）: 104-107, 112.

[91] 张欢. 浅析文化语境对诗歌英译的影响[J]. 今古文创, 2021（18）: 123-124.

[92] 张璐. 中国传统饮食文化与英语翻译[J]. 上海轻工业, 2023（2）: 88-90.

[93] 赵小娟. 中西方称谓语对比分析[J]. 科教导刊, 2019（31）: 150-151.

[94] 周新凯,许钧.中国文化价值观与中华文化典籍外译[J].外语与外语教学,2015(5):70-74.

[95] 朱梦.新闻传播中英语地名翻译探讨[J].科技传播,2015,7(10):40-41.

[95] 朱颖娜.从动物词汇看英汉文化差异[J].才智,2017(11):227.